悅讀的需要，出版的方向

The Smartest Places on Earth

WHY RUSTBELTS ARE THE EMERGING HOTSPOTS OF GLOBAL INNOVATION

世界上最聰明的地方

從鏽帶到智帶
看智力共享如何引領全球鏽帶城市聰明轉型

著 安東尼・范艾格特梅爾（Antoine van Agtmael）
佛萊德・貝克（Fred Bakker）

譯 葉家興、葉嘉

CONTENTS

第4章

白袍與藍領

第 5 章

更聰明的世界

第 6 章

喚醒睡美人

▶▶▶推薦序1

歐美鏽帶華麗轉身的啟示

香港中文大學金融系副教授／葉家興

一場寧靜產業革命，正在歐美悄悄出現。精確地說，隱形革命像是星星之火，在歐美許多曾歷經繁華而又沒落的城市，燎原而起。

范艾格特梅爾（Antoine van Agtmael）和貝克（Fred Bakker）千里迢迢，走訪歐美多個因全球化而沒落的工業城， 在新書《世界上最聰明的地方》分析了這股「再工業化」崛起的趨勢力量。他們認為，在政府、大學、企業聯盟的力量結合之下，西方國家正要奪回那些被新興市場國家搶走的投資與就業機會。

范艾格特梅爾曾經是世界銀行的經濟學家，也是早在1981年提出「新興市場」（emerging market）的第一人。他和貝克在書裡描述了充滿希望與及富啟發性的探索過程。他們的實地調查見證，新的歐美競爭崛起者將來自被漠視的地方——這些城市和區域從經濟角度曾被歸類為「鏽帶」（rustbelt），甚至已經遭到遺棄或淡忘。

就以俄亥俄州艾克朗為例，這裡曾是全球輪胎產業的重鎮，但現在隨便世界各地都可以找到成本更低廉的輪胎生產工廠。然而，艾克朗經歷浴火重生，成功轉型為聚合物產業的世界龍頭。

艾克朗大學的聚合物研究中心、當地小微聚合物企業致力開發各種新方法，將新材料商業化。現在這些公司雇用的員工人數，比當年輪胎業全盛期的就業人數還多！同樣地，荷蘭的恩荷芬，在歷經1990年代飛利浦的大量裁員衝擊後，如今脫胎換骨，恩荷芬高科技園區、技術大學有上萬名研究人員，將這裡蛻變成晶片業的樞紐之一，也榮獲「全球第一聰明地區」的美譽。

雖然流失的工作不再回來，舊工廠也不再運轉，但是新的產官學協力聯盟誕生，把「鏽帶」逐漸轉化為「智帶」(brainbelt)。大學成為開放創新中心，與在地企業合作研發。而地方領袖動員起來，打造鼓勵創業、 吸引人才的生態圈。他們擁抱新科技(醫療儀器、生物科技、新材料、智能自動化、3D列印、物聯網等)，而高等教育也更加聚焦技職訓練。追求效率、低成本導向的製造業思維不再，取而代之的是「智慧生產」的寧靜革命。

「智帶」仰賴的合作式工作風格，需要相當程度的信任和思想自由，而這正是歐美社會與文化所獨有的特質。這些城市在交通、運輸、農業、食品、醫療和健康照護等領域，孕育出產業轉型的產品與科技。把因全球化而流失的就業機會一點一滴重新創造出來。

過去四分之一世紀，新興市場因成本優勢而崛起。但未來的年代，誰能夠製造最「聰明」、而非最「便宜」的產品，或許才是競爭崛起的關鍵。

然而，翻開歐美地圖，並不是每個沒落城市都有能力鹹魚翻身，關鍵在於附近高等院校或科研機構的知識創新能量，在適當的規劃下，善用舊工業城的製造基礎，就有可能將「製」造轉為「智」造，已經沒落的「鏽帶」才有重生為「智帶」的機會。

有批評者認為，「鏽帶」變「智帶」的這種說法，不過是歐美中心的「壯膽文」。因為真正成功的「智能」製造，一旦要規模化生產，就不得不考慮成本、效率、物流等因素。

但無論如何，重視科研價值與產學團隊的趨勢，正在歐美帶動新一波的經濟增長動力。

臺灣是華人世界裡高等教育的人才基地，根據計算，碩博士生的智力價值高達千億元以上。然而就實際產值來看，卻似乎還遠不如大陸、香港等地的靈活彈性的校辦企業、知識轉移的專利收益來得高。對臺灣而言，也許本書所透露的歐美鏽帶華麗轉身的最佳啟示，就是正視並解放大學的研發能量，放開不必要的限縮管制，鼓勵產、學、研平台，推動輕、小、微智能導向的衍生企業，為經濟增長與職位創造再建新引擎！

▶▶▶推薦序2

智慧轉型的必要

臺北市產業發展局局長／林崇傑

這是一本「此其時也」的好書!

臺灣在後工業時代從土地改革啟始，跟著加工出口區的普設，石化業與輕、重工業的推動，其後積體電路、電子工業的發展，一路以來創造了近50年的發展榮景，我們曾以臺灣奇蹟之名吸引了多少國際注目學習的眼光。然而隨著新興市場的變革，產業機制的轉型，曾經我們引以為傲的遺產，卻在轉型猶疑之中，讓我們迷失於高原之野。而諸多歐美社會曾歷經失落起伏的工業地區，卻已敏銳得捉緊了時代的脈動，毅然揚棄過往遺緒而邁向轉型改造，這本書正說明了近十餘年來這些由鏽帶轉化為智帶的成功實踐經驗，也正提供了十餘年來深陷瓶頸的我們一個深切思考的對照參考。

在這些智帶城市經驗中，有幾點是值得我們深思比對的：首先我們看到了政府、學校、企業正以一種截然不同於以往的協作機制，共創嶄新的城市競爭利基。而此地卻仍處於科層體制，強調防弊與教義理論，各自作戰於彼此消耗的時勢之中。

其次，在智力分享的時代，製造的形式已然徹底轉型，人才的需求與聚合已全然改變。如書中案例所言，消費者變成也是生產者；原來的供應鏈轉型為價值鏈的創造；各個上下游的生產提供者與需求者，變成合作的新夥伴，所有法令、組織、機制的彈性調整，整合生態圈的營造變得前所未有的重要，而這其中作為連結、媒合、催化的連接者扮演了絕對關鍵的角色。然而這些智帶成功的關鍵因素，卻恰恰可能是這裡研考、審監、媒體聚焦反對防患的重點。

第三，我們看到這些智帶的創新由下而上、由小型新創、由地方城市、由實驗試誤啟動。大企業願意釋出資源、放下籌碼；政府願意以競爭優先配合調整機制；整個教育、培訓機制與工作環境也因應鏽帶轉型的需要而改變，基本上這是一個迴異於工業文明下的新評估標準，一切的機制、法令、工作條件與協作模式全都在改變之中。而我們有多少基本法令、機制數十年未曾調整，當生長於網路科技時代的Y、Z世代與Alpha世代的逐漸成熟，當即將邁向超高齡社會的此時，我們將發現戰後支持臺灣經濟奇蹟的體制，已經無以面對如此鉅變社會的需要。

這是一本值得我們反省深思的書籍，書中的案例經驗，不只是科技數理或是從事創新創業的工作者應該參考思考，對領導者、城市規劃者、企業經營者……等等各領域的改革者也都能得到不少啟發；對於政治、社會、人文的工作者而言，正是一個從不同角度的深切提醒。

全球的發展範型正在改變移轉，處身當代的我們已沒有置身事外的餘地。深切地說，如今只有變革、轉型才是我們唯一出路。

▶▶▶推薦序3

以智力共享模式引領臺灣向前

和碩聯合科技技術長暨資深副總經理／黃中于

臺灣的電子及半導體產業，從1980年代，隨著美國及歐洲IT產業的蓬勃發展而突飛猛進，快速成長，並帶動中國大陸製造業的迅速崛起。也因此造就了今日所謂臺灣電子五哥，半導體晶圓代工巨頭。然而中國製造的崛起，卻造成歐、美國家電子製造業的沒落，產生了嚴重的失業問題及歐美一些區域、城市經濟衰退的危機。一個古老的專有名詞「鏽帶」（Rust Belt），因為這個製造區域的轉移，而重新被使用。原本「鏽帶」指的是美國東北部及中西部20世紀初鋼鐵業興盛區域，因工業優勢不再，1950年代製造區域被迫移轉，使得當地嚴重失業問題、經濟衰退，好像鋼鐵業「生鏽」了。但20世紀末，因中國製造的崛起，產生的歐美國家的「鏽帶」在區域上卻是全面性的。

不過，這個趨勢在這十幾年默默產生了逆轉。本書兩位作者，一位是投資銀行的資深投資管理長才安東尼、一位是長期關注歐洲金融的新聞工作者貝克，他們發現了這個逆轉。兩人幾乎跑遍了美國及歐洲各研發重鎮，他們定義了一個新的名詞「智帶」（Brain Belt）。他們發現一群又一群有遠見的人及組織，正在逐漸將一個一個「鏽帶」轉變成「智帶」。而這個「智帶」的形成很可能將顛覆「臺灣—大陸」製造業的壟斷。長久以來，我們總是以臺灣企業的角度來看世界，歐美品牌大公司就是我們的目標客戶，歐美市場就是我們企業成長的標的。製造，甚至研發都在30年間由歐美漸漸移到臺灣及大陸，我們鮮少去關注原本在歐美從事製造及研發的那一群人。這本書帶我們從他們的角度看世界，書中詳細描述他們十幾年來反敗為勝的成功事實及案例，也歸納出他們成功的方法，很值得臺灣企業界、從事科技研究的大學，乃至政府主導科技發展相關部門的借鏡及學習。

本書第一章即言簡意賅的點出，「鏽帶如何變成智帶」的方法。這個方法的核心就是「智力共享」的概念。作者指出「智帶」是緊緊相扣的「智慧生態圈」，這個生態圈經常含有幾種單位，研究型大學、當地政府、有名氣又積極於研究的公司及新創企業，作者舉了美國俄亥俄州艾克朗區域的高分子中心，北卡州triangle park的材料研究與生命科學，以及瑞典的隆德。因為當地愛立信公司，手機業一蹶不振，隆德地區轉入材料研發而成為成功的「智帶」。

作者在第二章再點出「智力共享」的方法還有一個重要的成功因子，「連接者」。作者在每個成功的「智帶」都發現有這樣的關鍵人物，除了交際和經營人脈手腕很好，他們具有某種遠見，能深深感染他人，讓人願意突破自身框架而組成一個可自行成長的創新社群。作者舉了艾克朗大學校長蒲恩澤作例子來解釋「連接者」的特質。作者看到了這位校長身邊的技術顧問群，竟然囊括了美國、墨西哥、希臘、印度各地菁英。

在第三章及第四章，作者以新材料研發及生物科學在各「智帶」的突破發展，一面闡述這些新技術的未來方向，一面也更強調「智力共享」觀念及「連接者」扮演的重要角色。

在第五章，作者用已驗證成功的「智力共享」的概念，來嘗試解決目前已知的人類21世紀生活及科技面臨的新挑戰，包括住房、工作場所、城市與農村、環境、交通運輸等重大議題。

第六章，作者用一個有趣的標題「喚醒睡美人」來討論一些今天不是「智帶」的地區，未來要轉換為「智帶」可能遭遇的困難及解除方法，包括有些地區政府動作稍慢，但總有一些地方有志之士，富有遠見、樂於奉獻的個體，帶動不同組織、政府、公司相互合作。

仔細讀完這本書後，很深刻地體會到兩件事：（1）事在人為，批評政府不作為或大環境不佳，都是沒看到事情成功的核心因素。唯有培養遠見、熱誠及樂於奉獻才是成功的保證。（2）世界變化的大趨勢，往往不是敲鑼打鼓地來，而是寧靜沉默地到來，墨守成規謹守既有成就的人或公司，就是大時代裡新的成功者要取而代之的對象。我深深建議各位讀者閱讀此書，掩卷沉思，細心咀嚼個中的道理。

國外重磅好評

「本書展開一段奇妙旅程，走進美國和歐洲幾大城市，細看昔日的傳統製造業中心如何華麗變身，成為今日的創新熱區。若想瞭解本地經濟自我轉型的故事，該書正是首選。」

——《金融之王》（*Lords of Finance*）作者艾哈邁德（Liaquat Ahamued）

「范艾格特梅爾和貝克介紹了稱為『智力共享』的合作方式及其種種進展，並深入探討幾個特定地區的特定產業，展現鮮為人知的最新發展，讀來相當激動人心。此外，本書藉著極盡詳實的調查研究，衝擊當前有關發達國家走下滑坡的看法。兩位作者對於連接者集結各方人物、促成合作的職能，亦給出深刻的分析。全書論證有力，文筆曉暢。欲知全球未來走向，必讀此書。」

——耶魯大學投資長斯文森（David F. Swensen）

「全書以生動而平實的寫法，講述一個由專業智慧、大小企業、研究學界和地區政府合力促成創新轉型的故事。…… 這是一本最聰明的書，介紹了美國乃至全球經濟至關重要、最具前景的一種發展趨勢。」

——布魯金斯學會（The Brookings Institution）主席塔爾博特（Strobe Talbott）

「縱觀經濟歷史，過去總有一些不起眼的地帶，忽然迸出活力，改變整個社會。安東尼・范艾格特梅爾和佛萊德・貝克講述的故事恰恰發生在一些出乎意料的地區，讓人看到產業如何善用大學、醫療中心等研究機構的創新能量，成功將鏽帶轉化為『智帶』。本書資料翔實、調查精細，學生想必能從中獲益，以應對正在成形的未來。」

——杜克大學（Duke Univeristy）校長波赫德（Richard Brodhead）

「本書走入一些不為人知的地帶，講述當地創新故事，讓人大開眼界。如果你相信那些資深前輩所說，覺得未來的主人不是資本主義世界的發達民主國家，而是亞洲為主的新興市場，並因此心灰意冷的話，不妨讀讀這本書，你一定會大為振奮。安東尼・范艾格特梅爾和佛萊德・貝克告訴我們，『世界上最聰明的地方』也許是美國和北歐一些默不出聲的城市。在那裡，商業家、科學家和敢於突破的領導者正合力研發最新的智慧產品，並以百分百原創的創新方式完成生產。兩位作者也指出，在發達國家中，不少經濟地區正破舊立新，進入一個『革命性的新階段』。因為『全球競爭優勢將由成本主導，轉變為智慧主導』。在我看來，作者觀點和論據均能發人深思，亦具說服力，作品讀來也相當有趣。」

——《華盛頓郵報》（*Washington Post*）前編輯主任、知名作家凱瑟（Robert G. Kaiser）

「有關全球經濟運作的傳統認知，以及最具發展潛力地區的普遍預測，都會被本書徹底顛覆。范艾格特梅爾和貝克展現了當前市場錯綜複雜而充滿活力的一面，讓我們能以新的眼光，重新評估美國和歐洲傳統工業城市的實力，當中的先進產業、大學網絡、善於藉合作以自強的企業和政府，都是無價的資產。本書觀點新穎，且皆源於作者在現實世界的經驗和調查，絕非老生常談。」

——布魯金斯學會（The Brookings Institution）百年學人（Centennial Scholar）、《大都市革命》（*The Metropolitan Revolution*）合著作者卡茨（Bruce Katz）

「本書震撼人心，見解獨到，讓人看到各種企業和社群如何將瓦礫化為矽谷。」

—— 波士頓諮詢公司（Boston Consulting Group）資深合夥人瑟金（Harold L. Sirkin）

「本書引人入勝，細述落入輸家的美國及北歐鏽帶如何自我轉型，透過積極合作，發揮無比創意，一躍成為新興智帶的贏家。這種自下而上的創新已成為一種深具潛力的發展模式。」

——美國策略投資公司（Strategic Investment Group）創始人及主席奧澤・布林伯格（Hilda Ochoa-Brillembourg）

「這部由安東尼・范艾格特梅爾和佛萊德・貝克合著的新書真誠而嚴謹，不論你的興趣在於商業、科技、創新或未來經濟走勢，都應捧來一讀。書中介紹的發展趨勢足可改變全球運作方式，更可拉動經濟增長，創造新的機會，但目前人們還未能徹底理解，甚至尚未察覺。有見及此，范艾格特梅爾以資深投資人和觀察家的身分所寫出的精要報導，無疑飽含精彩見解和深度思考，值得讀者再三留意。」

——《外交政策》（*Foreign Policy*）雜誌主編及FP集團執行長羅斯科夫（David Rothkopf）

「范艾格特梅爾和貝克帶領讀者踏上一段愉快旅程，深入僻遠之地，見證各地智者達成互信、形成連接的重大意義。我們歡迎製造業新世代的來臨，自由的創新將戰勝廉價的勞力，美國和歐洲將奪回全球經濟的中心地位。」

——約翰・霍普金斯大學（Johns Hopkins University）高等國際研究院（School of Advanced International Studies）前院長艾恩韓（Jessica Einhorn）

前言

智帶在此，歡迎光臨

打破全球化格局的人才、地帶和創新實踐

本書希望呈現美國和歐洲曾經的鏽帶地區，如何經過重生、復興，為各國帶來煥然一新的競爭力。這一核心主題，兩位作者都將深入探討，但各自的起點卻極為不同。

對於安東尼而言，最初的發想來自一些對話所帶出的觀點。交談的對象中有聯發科技的財務長顧大為。聯發科技以臺灣為基地，專門設計智慧型手機及其他電子產品的晶片組，是全台同業的領導廠商。2012年春天，我們約他一談。當時安東尼剛剛離任自己一手創建、市值數十億美元的投資公司，正在亞洲四處遊歷，尋訪各地高級商業行政人員和政治領袖，聽他們談談自己在全球市場仰賴多年的競爭優勢，目前正面臨怎樣的挑戰。安東尼向顧大為提問時，正跟著他參觀聯發科技位於新竹的總部。這位財務長深諳環球金融產業，也在高科技製造業縱橫多年，此刻的回答是：「你知道嗎？美國又成為了我們的競爭對手，實力還更強了。」安東尼說願聞其詳。是什麼競爭？跟誰競爭？顧大為擁有伊利諾大學工商管理碩士學位，也十分瞭解美國市場，便立刻提到無線電通訊技術研發商高通（Qualcomm）。這家位於美國

聖地牙哥的高科技巨頭公司，帶來的威脅尤其明顯。「他們的研發很先進，遠遠拋離了我們，」顧大為如此解釋，話中顯然有真切的憂慮。「他們輕易就能將我們擠出市場。」說罷，顧大為又聊起別的事來。安東尼曾任職於世界銀行旗下的國際金融公司（International Finance Corporation，簡稱IFC），畢生事業幾乎都聚焦於亞洲地區，1981年還率先引入「emerging markets」（中譯「新興市場」）的術語。但是，起碼有20年，他都不曾聽說亞洲有哪個商界人士會擔心被美國的競爭對手擠出市場。聯發科是個反常的例子嗎？還是說，這是某種重要趨勢的先兆？難道已開發國家的設計和製造產業已形成新的優勢，足以讓亞洲的低成本生產商坐立不安？

另一作者佛萊德也產生了類似想法，而且同樣是得自旅途。當時，佛萊德剛剛退休，離開荷蘭最大財經期刊《荷蘭金融日報》（*Het Financieele Dagblad*）的總編一職，開始遊歷號稱「迷霧四國」（the MIST countires）的墨西哥、印尼、南韓和土耳其，走訪當地商界、政壇、學界和企業的重要人士，希望瞭解他們對環球商業發展態勢的看法。佛萊德聽到的一些觀點，也跟顧大為對安東尼說的話有幾分相似。據說，迷霧四國在過去幾十年憑藉低廉的勞動力，取得了可觀的經濟增長，但這一優勢已不復存在。簡而言之，想以低造價去挫傷高成本的西方國家，這一招已經不靈了。低成本致勝的時代正式告終。

此外，佛萊德看到企業運作的方式也在變化。美國智庫

「國際智慧城市論壇」（Intelligent Community Forum）每年頒發全球第一聰明地區大獎，2011年獎項得主就是荷蘭城市恩荷芬（Eindhoven）。消息一出，佛萊德就想起幾年之前，曾與飛利浦（Philips）前執行長克萊特里（Gerard Kleisterlee）有過一段對話。當時克萊特里就講解過，飛利浦已將設於恩荷芬的實驗室徹底轉型。這個研究總部輝煌一時，名聲顯赫，堪比美國貝爾實驗室（Bell Labs），現在卻變成一個完全開放的創意園區，邀來不同機構和企業的研究人員進駐，在此攜手合作。恩荷芬被譽為全球創新中心，又是世上最聰明的地方，一切肯定得益於這種活動模式，對吧？

種種見解，種種發現，全都有違西方傳頌已久的主流觀點。幾年之前，在荷蘭一次會議上，精於觀察環球商業的知名建築師庫哈斯（Rem Koolhaas）就曾以一幅另類世界地圖，大大刺激了在場觀眾。在地圖上，美國的版塊不僅萎縮，還被逐至世界邊緣，新興國家卻雄霸中心地位。與此同時，各地金融分析師也常常說到，歐洲快將成為「世界的博物館」。

旅行暫告一段落。安東尼返至自己長居的華盛頓，佛萊德也回到阿姆斯特丹的家中。雖然天各一方，但兩人都有感於旅途中的所見所聞，而各自探索起來。或許，一種基於精密研發的嶄新製造方式正在成形，並能讓已開發國家捲土重來？或許，低廉勞動力再不能為發展中國家帶來優勢？又或許，在產品開發和技術革新方面，世上已經爆發了驚人的創意？

為了深入理解，佛萊德又踏上旅程。這次主要是到歐洲，途中探訪的幾位技術長都提到製程方面的進展，讓人特別感興趣。據說，他們正和多方形成合作關係，大學和政府機構是主要夥伴。原因在於，公司已無法獨立承擔研究費用，也找不到研究所需的專業人才，又不希望在內部成立研究部門。在此同時，安東尼也再次出發了。過去他因工作之故，長年穿梭於亞洲和拉丁美洲，這次則以美國為目的地，尋訪各地的實驗室和工廠。這些地方正發生各種轉變，讓他目不暇給。科研在產品製造過程的新角色，以及機器人技術、3D列印等先進生產方式的應用，更讓他既驚又奇。

兩位作者的想法仍在醞釀。到2013年1月，他們經友人引見，終於認識了對方。一次視訊對談之後，他們約出來見面，接著就是連續幾天的交談。不論當時還是現在，他們都確信環球經濟的中心已移至新興市場。但他們也都認為，歐美企業經過多年的隱忍，競爭力已在回升，準備轉守為攻了。這個轉變為何發生，過程如何，暫時還不清楚。不過，他們有一個推測：過去幾十年人們執迷於製造愈來愈便宜的產品，在未來幾十年人們將一心製造愈來愈聰明的產品。聰明的創意，勢將取代廉價的勞力，成為勝敗的關鍵，蘋果（Apple）、谷歌（Google）等領先科技企業就是明證。

思考繼續演進。佛萊德撰寫了一篇論文，分析恩荷芬的案例。安東尼把論文傳送給布魯金斯學會（Brookings Institution）

大都會政策項目（Metropolitan Policy Program）的負責人卡茨（Bruce Katz）。卡茨讀畢，就打算跟佛萊德一起到恩荷芬看看是怎麼回事。當地情況讓他大為讚賞，但也並非意料之外。他告訴佛萊德，恩荷芬確實有其獨特之處，譬如供應鏈的革新之類，但美國有很多地方也具有類似的特色，例如紐約州的奧巴尼（Albany），以及俄亥俄州的艾克朗（Akron）。

證據正在慢慢累積。通用電氣（General Electric，簡稱GE）決定將最新廠房設於美國本土。如果是在十年以前，選址一定是在低勞力成本的地區。[1]而且，這也不是一個普通廠房，而是製造新一代飛行引擎的位址，也就是通用電氣業務的核心所在。這一案例極為有力，足以證明美國大型企業確實正在將製程回遷。更讓人意外的是，新廠房設在密西西比州一個叫貝茲維爾（Batesville）的小城。為什麼有此決定？通用電氣執行長伊梅特（Jeffery Immelt）表示，原因在於貝茲維爾鄰近密西西比州立大學，那裡的研究人員對新型材料的研究極其豐富，恰好能用於製造超輕量、超靜音、超節能的新一代飛行引擎。事情就是這樣。一家叱咤風雲的跨國企業，與一所名不經傳的學術機構聯手合作，結果竟如此精彩，連伊梅特都揚言日後會將更多廠房設於頂尖研究重地附近，以確保生產地點與學術前沿只有咫尺之隔。

通用電氣的營運管理與專業知識的緊密配合，堪稱全球之最。如果當這種模範企業，正逐漸將研究、開發和製造活動遷往美國內陸，我們就非注意不可了。不論貝茲維爾還是恩荷芬，都算不上全球最卓越的創新中心，也不能與德國斯圖加特（Stuttgart）那樣的製造業先驅相提並論。但我們都有一種預感，這些城市不知哪天就會迎頭趕上，而且速度將超乎想像；而且，它們只是一種先兆，預示著一種意義重大的潮流，正在歐美同類的城市和地區漸漸成形。**這些地帶在美國稱為「鏽帶」，過去曾是工業重鎮，後因離岸外包而泯沒，現在卻以空前強勢發起逆襲。歐洲少見鏽帶一詞，但不少地區也有同樣的特點。這些鏽帶地區正經歷重大轉型，馬上要從全球化的「失敗組」變為創意的心臟地帶，製造業的最強大腦，最終成為本書所說的「智帶」。**

理論既已提出，就要加以證明，而證明就需要更多數據。為此，兩位作者決定展開更多實地考察，第一站就是紐約州哈德遜科技谷（Hudson Valley）的奧巴尼，以及俄亥俄州的艾克朗。在兩個城市看到的一切，實在讓人熱血沸騰。那裡的合作團隊由各種各樣的專業群體組成，目前正積極應用前所未有的技術和生產方式，製造高智慧、高附加價值的產品。整個城市乃至附近區域都因此而重生，煥發出強大的活力。

兩位作者踏上旅途，一去就是兩年，足跡遍布歐美十個智帶地區。在歐洲，他們走訪了德國的德勒斯登（Dresden）、荷蘭的恩荷芬（Eindhoven）、瑞典的隆德－馬爾默（Lund-Malmö）、芬蘭的奧盧（Oulu）和瑞士的蘇黎世（Zürich）；到了美國，他們有幸得到布魯金斯學會（Brookings）的卡茲（Bruce Katz）及其團隊的幫助，一共考察了五個地方，除了奧巴尼和艾克朗，還有明尼蘇

達州的明尼亞波利斯（Minneapolis），俄勒岡州的波特蘭，以及北卡羅萊納州的羅里－德罕（Raleigh-Durham）。在此期間，兩位作者也在其他地區會見了不少領袖人物，訪問了在各大領域身居要職的人士，進行數之不盡的對談，同時也一直在閱讀文獻，複查資料，分析數據，盡責完成研究的本分。

兩位作者固然意識到，世界上還有許多以大學院校為基地的新生智帶。這些地方有些曾是鏽帶，有些則沒有工業背景；有的早已赫赫有名，有的只是嶄露頭角。在美國，以資訊科技和生物技術著稱的德州奧斯汀（Austin），就是無工業背景的智帶之中最具前景的地區。奧斯汀的高科技區「矽山」（Silicon Hills），乃在1990年代圍繞德州大學和IBM、戴爾（Dell）和甲骨文（Oracle）等科技公司一帶而形成，目前已擁有至少15個英文俗稱「育成中心」（Incubator）的創新地帶[2]。類似例子其實不少，在德州還有主攻能源的休斯頓（Houston），佛羅里達州有研究航空太空科技的棕櫚灣（Palm Bay）和研究生命科學的蓋斯維爾（Gainesville），科羅拉多州則有航太和生命科學俱強的波德（Boulder）。在歐洲，同樣的現象可見於英國的劍橋，瑞典的斯德哥爾摩（Stockholm）以及哥特堡（Göteborg），德國的柏林和慕尼黑－斯圖加特（Munich-Stuttgart），法國的巴黎、格諾伯勒（Grenoble）和土魯斯（Toulouse），以及奧地利的格拉茨（Graz）。跳出歐美，新加坡、南韓的首爾、臺灣的新竹與以色列的特拉維夫（Tel Aviv）也在此列。

智帶地區的種種發現和創造過程，令兩位作者驚艷不已。一個是經濟學家，一個是資深記者，他們走遍全球，努力去瞭解現狀，蒐集的證據愈見詳實，總結出的理論也愈發精準。從大學到社區學院，從企業巨頭到微型公司，從實驗室到生產線，都有他們的足跡。訪問的對象也相當多樣，有西裝筆挺的高級行政人員，也有穿牛仔褲的企業新秀；有無塵室中潛心苦幹的研究員，也有在工業風閣樓迸發創意的科技宅；有大型科學園的主管人員，也有州議會辦公室的政府官員。他們眾口一辭，認為如今創新過程和產品製造，都離不開大學院校的參與、徹底開放的資訊互享、商學兩界的強強聯手、跨學科的發展計畫，還有各個領域重要人才匯聚而成的智慧生態圈。這一切都協作無間，密不可分。過去那種廣為傳頌的創新故事，主角通常是一個絕頂聰明的天才，或是幾個在自家車房裡發跡的技術咖。這種情節早就過時了。**在當下的新世代，開發一種新式產品，需要的是巨額資金、跨學科合作以及複雜精深的過程。我們所說的智帶，意義遠遠超乎聯合開發的方式或偶發的合作計畫，幾乎可以說是一種「智力共享」**。

每一次探訪，都讓兩位作者更清晰看到，一個全新格局正在展開：那些極不可能產生創意的地方，正因智力共享逐漸轉型為創新的熱門地區。這些地方大多曾在1980、1990年代因離岸外包而大受打擊，現在卻已形成全新的發展戰略，擁有全新的雄圖壯志。這些地方藉著智力共享，創造的產品聰明而複雜，價值也遠遠拋離那些過時的低成本模式下的產品。這一直是亞洲的競爭對手和迷霧四國的最大憂患，現在已變為現實。

所謂智力共享，其實不止於合作夥伴關係的形成，還涉及真正的產品製造過程。在貝茲維爾和恩荷芬發生的一切，並不如某些傳媒報導所說，是傳統製造業的一次「回歸」。確切而言，這是一次「革新」才對。過去頗長一段時期，研發一直處於企業的後方，上不了營運的前線，結果就是一場災難。如今，研發工作已獲新生，比從前更具智慧，並且與製造過程緊密結合。於是，低成本的感應器剛剛面世，各種技術要素就能得到重新整合，不論是資訊科技、數據分析、無線通訊、生產方法、新型材料或發明創造，都能融為一體。一種新型經濟亦由此誕生，迅速成長起來。到了這個時候，難道智帶的企業還會再次啟動陳舊的機器，聘回賦閒已久的老員工，重新運作流水裝配線嗎？當然不會，絕不可能！現在的設備與之前完全不同。就以通用電氣在貝茲維爾的廠房為例，那裡的機器聰明、潔淨、靈活，運作過程是電子學和機械學的結晶。負責操控的是專家和技術人員，他們各有專精，分組行事。有些曾受特殊訓練，具備高端技術；有些擁有博士學位，當然也有一些是經過再培訓的裝配線員工。設備產出的成品大膽創新，內設連線裝置，體貼用家需求，品質性能俱佳。不論複雜至一個飛行引擎，還是簡單如一隻運動鞋，都具有上述的特點。

前一代的製造業，生產過程主要以人手配合機器。現在情況完全不同。我們擁有的是一種聰明的製造業，由掌握頂尖技術的專家和人員，以靈活而充滿創意的方式，巧用聰明的技術，製造出聰明的產品。

智力的共享，加上聰明的製程，已讓全球化競爭發生逆轉，讓顧大為等人搖頭慨嘆。**廉價已經過時，聰明才是王道。這一趨勢之下，新興經濟體的低成本製造商還沒有什麼動靜。真正能有所作為的，是北美和北歐的「老牌」經濟體。世界上只有它們才擁有智帶誕生的必需要素，包括充足的研究設備、深厚的專業知識、優質的教育機構、政府對基礎研究的資助、宜人的工作和生活環境，還有雄厚的資金。其中最重要的，是思考的自由和互信的氛圍，以及坦然接受失敗的心態。**前者能激發出顛覆正統的理念，後者則是創新的必要條件。在亞洲許多國家和迷霧四國，那種尊重權威、規行矩步的思維模式，當然不會促成同樣的效果。

然而，我們並不認為，智力共享和智帶發展的形式在美國和歐洲是完全一樣的。事實上，兩地不論基礎設施、歷史還是文化，都有一些本質的區別。美國是世界強國，國防預算高達天文數字，其中部分撥入國防高等研究計畫署（Defense Advanced Research Projects Agency，簡稱DARPA）以及太空總署（National Aeronautics and Space Administration，簡稱NASA）的研發活動。不少創新發明都源於此二機構的研究計畫，比如互聯網、無人靶機和自動駕駛汽車等等。此外，美國國家衛生研究院（National Institute of Health，簡稱NIH）也提供不少研究資助，深深影響著國內的基礎健康科學研究。

同時，美國很多創新活動亦源於新創企業（start-ups）。這些企業最初依靠創業資金，屬於私營性質，業績和規模兼具的時候就會上市，或者讓同一領域的巨頭企業收購。

而在歐洲，各國並沒有共同的防衛經費。法國、瑞典等少數國家確有戰機和航艦的研究，但整體而言，歐洲科研市場趨於分散；各國財政預算只占國內生產毛額的某一固定比例，無法和美國的預算相提並論；在國家安全方面，歐洲處於美國的庇蔭之下，所以軍事部門未向科技創新活動提供巨額資助；而在歐盟範圍內，目前並沒有一個共用的健康研究預算；再者，歐洲的新創企業不像在美國那樣重要，縱有發展也相當緩慢。故此，歐洲的創新活動一直由國家研究機構發起，例如德國弗勞恩霍夫學院（Fraunhofer Institute）、荷蘭應用科學研究院（Netherlands Organisation for Applied Scientific Research，簡稱TNO）和瑞士聯邦材料科技實驗室（Swiss Federal Laboratories for Materials Science and Technology，簡稱EMPA）。同時，一些國家研究資助部門也多有參與，例如瑞典創新局（VINNOVA），以及芬蘭就業暨經濟部（Finnish Ministry of Employment and the Economy）轄下的國家技術創新局（Finnish Funding Agency for Technology and Innovation，簡稱Tekes）。這些國家機構，在美國是很少聽說的。在這個講求協作的世代，歐洲各國之間已開始實行研究計畫的共同資助，希望以這種新穎的合作形式，克服科研群體分散的不足。歐洲和美國的創新模式都各有利弊，兩地鏽帶向智帶過渡的形式也會有所不同。

兩位作者的思考方向，也頗受上述的重大區別所影響。安東尼成長於荷蘭，自1968年起長居美國。佛萊德畢生住在荷蘭西岸，卻也遊遍了世界。本書也是一種智力的共享，旨在完整呈現這趟智帶之旅，細述作者的調查所得。書中提到各個智帶，希望能成為案例，供其他地區參考。不論是單個城市還是整片地區，不論各自特色和實力如何，大概都能從這些智帶的發展規律和具體實踐中獲得啟發，以在全球競爭中找到自己的新優勢。更進一步而言，一旦智帶模式為人所理解，其發展過程也得以具體描述，那麼一個地區或許就能在更短時間內完成轉型，成為所處市場和產業中的創新主力。

所以，本書希望傳達一個極其正面的訊息：美國和北歐經濟已奪回競爭優勢。在歐美兩地，製造業已革新重生，更多職位將會出現，地區也獲得鮮活動力。最重要的是，更多的新產品、新技術即將面世，勢必重塑人們生活的每一方面，不論是交通、運輸、家居、城市，還是農業、食物、醫療、保健，一切都會因此而改變。西方製造的衣褲鞋襪也將再度成為市場寵兒，設計不僅更貼心、更美觀、更舒適，也更多功能、更耐用，而且還能以合理的成本、親民的售價來打動人心。

推演下去，這一全新發展模式的意義，還不止於重建西方的企業王國。誠然，在未來一段時間之內，已開發國家以智力共享配合

聰明的製造過程，確實會反超開發中國家，再次奪回領先位置，而開發中國家則會竭力追趕，盡量縮短創新能力的差距。若就長遠而言，這一趨勢既然能催生出聰明的產品，有助應對關乎全人類的種種挑戰，最終當然會有益於全世界經濟體的發展。

有如此一個全新的策略，有那麼多聰明的產品即將誕生，歐洲自然不會淪為「博物館」，美國也不會被逐往世界地圖的邊緣。21世紀創新產品的開發，也不會是一場成王敗寇的零和賽局。在未來幾年，矽谷、劍橋以及其他創新中心無疑仍會繼續發展，其他地區也將陸續加入，全球智帶很快就會呈現煥然一新的格局。

智帶在此，歡迎光臨。

鏽帶

國家 / 州	地區	地名	專精領域	大學、研究所、醫院
		美國國內知名		
加利福尼亞州（加州）	西岸	矽谷	資訊科技 生物科學 電動車 可彎曲及可佩戴電子設備	史丹佛大學 加州大學 加州理工學院
麻薩諸塞州（麻省）	東岸	劍橋（及 128 公路）	生物科技 機器人學	麻省理工學院 哈佛大學
德克薩斯州（德州）	南部	奧斯汀（矽山）	電腦 新材料 生物科學	德州大學
		本書焦點		
北卡羅萊納州	東南部	德罕－羅利－教堂山（三角研究園）	生物科學 新材料 能源（LED）	杜克大學 北卡羅萊納大學 北卡羅萊納州立大學
紐約州	東岸	奧巴尼（哈德遜科技谷）	半導體	紐約州立大學理工學院 壬色列理工學院
俄亥俄州	中西部	艾克朗	新材料 聚合物	艾克朗大學 肯特州立大學
明尼蘇達州	中西部	明尼亞波利斯－聖保羅	醫療設備／生物科學	明尼蘇達大學
俄勒岡州	西岸	波特蘭（矽林）	生物科學	俄勒岡健康與科學大學

國家 / 州	地區	地名	專精領域	大學、研究所、醫院
		其他		
賓夕法尼亞州	東岸	匹茲堡	機器人學 資訊科技	卡內基美隆大學
紐約州	東岸	羅徹斯特	纖維光學（與奧巴尼協作）	羅徹斯特大學 紐約州立大學
紐約州	東岸	水牛城 （河灣區 10 億振興計畫）	電池技術 清潔能源	紐約州立大學水牛城分校
紐約州	東岸	紐約（矽巷）／新澤西	資訊科技 數位媒體 生物科技	康乃爾大學
俄亥俄州	中西部	哥倫布	生物科學 農企業	俄亥俄州立大學 巴特爾紀念研究所
俄亥俄州	中西部	戴頓	航空太空 射頻干擾 新材料 感應器	戴頓大學 美國國家航太情報中心 凱特靈大學
密西根州	中西部	安娜堡	生物科學 電子學 工程學	密西根大學
密西根州	中西部	底特律－奧克蘭縣 （自動化走廊）	自動化 汽車	韋恩州立大學
伊利諾州	中西部	芝加哥 （黃金廊道）	材料 資訊科技 工程學 生物科學	北伊利諾大學
堪薩斯州	中西部	威奇托	航空太空 重型機械	威奇托州立大學
密蘇里州	中西部	聖路易 （Cortex 創新社區，密蘇里研究園區）	生物科學 農業技術	華盛頓大學 密蘇里大學

國家 / 州	地區	地名	專精領域	大學、研究所、醫院
明尼蘇達州	中西部	羅徹斯特	生命科學	梅奧醫院 明尼蘇達大學
印第安納州	中西部	印第安納波利斯	生物技術	印第安納生物科學研究所
華盛頓州	西岸	西雅圖	航空太空 汽車 資訊科技 零售 生物技術	華盛頓大學
愛達荷州	西岸	波夕（波夕谷）	資訊科技 工程學	愛達荷大學 愛達荷州立大學
無鏽帶背景				
猶他州	西岸	鹽湖城－奧格登－普若佛（矽坡）	資訊科技 生命科學 汽車	楊百翰大學
科羅拉多州	西岸	波德－丹佛 （丹佛科技中心）	航空太空 生命科學 能源	科羅拉多大學 美國國家再生能源研究室 美國國家風能技術中心 美國國家海洋暨大氣總署
亞利桑那州	西岸	圖森 （光谷）	資訊科技 光學 航空太空 生物科學	亞利桑那大學
加州	西岸	聖地牙哥及科技海岸	國家防衛 生物科技 奈米技術 無線技術	加州大學
加州	西岸	洛杉磯市區	生物科學 航空學 娛樂 國家防衛	加州大學洛杉磯分校

國家 / 州	地區	地名	專精領域	大學、研究所、醫院
德州	南部	休士頓	能源 生物科學	萊斯大學 休士頓大學 南德州大學 德州醫療中心
南卡羅萊納州	南部	格林維爾	汽車	
佛羅里達州	南部	棕櫚灣	航空電子學	
	南部	蓋斯維爾	生命科學	佛羅里達大學 佛州大學聖德醫院 退伍軍人醫療中心
阿拉巴馬州	南部	亨茨維爾 （坎明斯研究園區）	航空太空	阿拉巴馬大學 亨茨維爾醫院聯網 美國太空總署 美國太空飛行中心
密西西比州	南部	貝茲維爾	航空太空	密西西比州立大學
田納西州	南部	諾克斯維爾	複合材料及程序技術	橡樹嶺國家實驗室 田納西大學
華盛頓特區	東岸	華盛頓 （杜勒斯科技走廊）	國家防衛 國土安全 生物技術	約翰．霍普金斯大學 馬里蘭大學 喬治華盛頓大學
加拿大及墨西哥				
加拿大		滑鐵盧－基奇納	無線技術 生物科學	滑鐵盧大學 維羅爾大學

國家 / 州	地區	地名	專精領域	大學、研究所、醫院
加拿大		安大略省	航空太空	多倫多大學 懷雅遜大學 約克大學 百年理工學院
墨西哥		蒙特雷	生物科技 機械電子學 奈米技術	蒙特雷科技大學
本書提及的北歐國家				
荷蘭		恩荷芬 （高科技園區）	半導體 新材料	理工大學
瑞典		隆德－馬爾默 （伊德恩科園）	生命科學 新材料	隆德大學
芬蘭		奧盧 （Technopolis 科技中心）	醫療儀器 無線技術	奧盧大學
德國		德勒斯登 （薩克森矽谷）	半導體	普朗克研究所
瑞士		蘇黎世	生命科學	理工大學
其他				
英國		劍橋 （矽沼）	生物科學 工程學	劍橋大學
英國		牛津 （科學園）	生物科學 資訊科技 潔淨技術	牛津大學
德國		慕尼黑－卡爾斯 魯厄－斯圖加 特－海德堡 （伊撒爾谷）	汽車 機器人學 生物科學	夫朗和斐協會學院 斯圖加特大學 海德堡大學 卡爾斯魯厄理工學院

國家 / 州	地區	地名	專精領域	大學、研究所、醫院
德國		亞亨（E.ON 能源研究中心）	潔淨能源	亞亨工業大學
德國		凱撒斯勞滕（矽林）	資訊科技	凱撒斯勞滕工業大學
荷蘭		代夫特（Technopolis 技術創新園區）	潔淨技術 3D 列印 資訊科技	代夫特理工大學
荷蘭		恩斯赫德（Kennispark Twente 科技產業園）	新材料	湍特大學 薩克遜應用科技大學
荷蘭		瓦赫寧恩	農業生物技術	瓦赫寧恩大學
荷蘭		海爾倫（Avantis 歐洲科學與生物醫學園）	新材料	南方應用科技大學
荷蘭		萊登（生物科學園）	生物科學	萊登大學
瑞典		斯德哥爾摩（希斯塔區）	資訊科技 機器人學	斯德哥爾摩大學
丹麥		哥本哈根（科學城）	生物科學 潔淨技術	哥本哈根大學 哥本哈根城市大學學院
法國		格諾伯勒（GIANT 創新科技校區）	奈米技術 生物科學 潔淨技術	格諾伯勒理工學院 法國國家資訊暨自動化研究所
法國		圖魯斯（航空谷）	航空太空 農業生物技術	圖魯斯大學 波爾多大學
以色列		特拉維夫（矽溪；Kiryat Atidim 高新技術區）	資訊科技 生物科學 植物生物科學	特拉維夫大學

西雅圖，華盛頓州
波特蘭，俄勒岡州
波夕，愛達荷州
鹽湖城，猶他州
普若佛，猶他州
舊金山，加利福尼亞州
矽谷，加利福尼亞州
橘郡，加利福尼亞州
聖地牙哥，加利福尼亞州
科林斯堡，科羅拉多州
丹佛，科羅拉多州
林肯，內布拉斯加州
堪薩斯城，堪薩斯州
威奇托，堪薩斯州
達拉斯，德克薩斯州
德克薩斯州
休士頓，德克薩斯州
蒙特雷，墨西哥
明尼亞波利斯，明尼蘇達州
羅徹斯特，明尼蘇達州
麥迪遜，威斯康辛州
安娜堡，密西根州
沃索，伊利諾州
伯明頓，印第安那州
聖路易，密蘇里州
滑鐵盧，加拿大安大略省
底特律，密西根州
水牛城，紐約州
艾克朗，俄亥俄州
戴頓，俄亥俄州
羅徹斯特，紐約州
雪城，紐約州
奧巴尼，紐約州
劍橋，麻薩諸塞州
紐約市
匹茲堡，賓夕法尼亞
華盛頓特區
里奇蒙，維吉尼亞州
羅里／德罕，北卡羅萊納州
亞特蘭大，喬治亞州
棕櫚灣，佛羅里達州
已到訪智帶地區
智帶地區

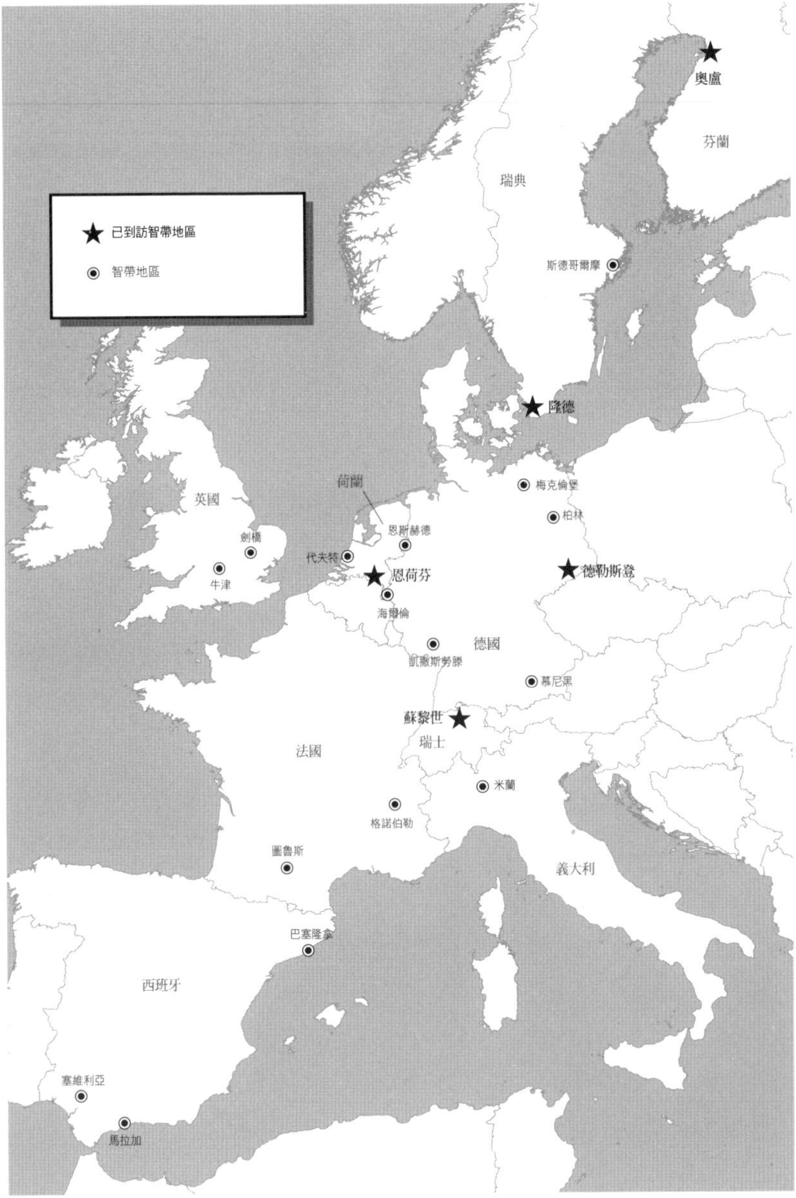

★ 已到訪智帶地區

◉ 智帶地區

奧盧
芬蘭
瑞典
斯德哥爾摩
隆德
英國
荷蘭
梅克倫堡
柏林
恩斯赫德
劍橋
代夫特
牛津
恩荷芬
德勒斯登
海爾倫
德國
凱撒斯勞滕
慕尼黑
蘇黎世
瑞士
法國
米蘭
格諾伯勒
圖魯斯
義大利
巴塞隆拿
西班牙
塞維利亞
馬拉加

第 1 章

智力共享與智慧製造

鏽帶如何變成智帶

1960 年代我們有過太空競賽；
今天則變成了機器人競賽。

——丹麥理工學院

關於貝茲維爾和恩荷芬等多個智帶地區，我們已有耳聞，也讀過資料。然而，出發在即，我們腦中仍然充滿對鏽帶的刻板印象，以為到了之後，即將看到頹敗的工業廢址、破落的住宅社區，還有掙扎求存的人們。在那種地方，就不可能喝上一杯像樣的酒，吃上一頓體面的飯。

但是，事實並非如此。儘管智帶的轉型遠未完成，過程中有人淪為人生失敗組，貧富落差也不時擴大，然而當我們瞭解與智慧製造有關的技術，認識到智力共享和智帶的產品，品嚐過當地美食，我們腦中的既有印象旋即一掃而空。比如說，單是與蒲恩澤（Luis Proenza）交談，就足以改變我們的想法（儘管類似的想法還有很多）。蒲恩澤是艾克朗大學當時的校長，致力振興當地乃至整個俄亥俄州東北地區，角色舉足輕重，是他將艾克朗變成研發新型材料的卓越中心。我們在一家新潮的餐廳共進晚餐，餐廳位於翻新過的市中心地區，同桌還有他來自世界各地的同事。艾克朗位於俄亥俄州，一直是全球輪胎工業的中心，輪胎生產移遷海外後，隨即陷入衰退。然而，對於這個地區、當地的人才和機構，以及他們所做的努力，蒲恩澤都懷抱滿腔熱忱，看好當地的前景。他自豪地告訴我們，當地1000家新創企業目前聘請的員工，比生產全盛期時的四家大型輪胎公司還要多。

在瑞典，我們造訪了隆德和鄰近的馬爾默。1980年代中期，面對亞洲和其他地方製造商的低成本優勢，區內的主要船廠吃盡苦頭，破產倒閉，令兩個城市大受打擊。有見及此，當地政界、企業界和隆德大學，合作成立斯堪地那維亞（Scandinavia）的首個科學園區伊德恩（Ideon）。愛立信（Ericsson）和許多製藥企業的研究團隊紛紛進駐。時至今日，隆德和馬爾默的意見領袖定期會面，隆德大學更成為生命科學產業的引擎，催生許多製造尖端生科產品的企業。

在北卡羅萊納州，我們到訪了三角研究園（Research Triangle Park，簡稱RTP）。環繞研究園的是德罕（Durham）、羅里（Raleigh）和教堂山（Church Hill）三個大學城，也是美國境內首個同類園區。早在成立初期，三角研究園已成就非凡，吸引了170家公司進駐，並創造超過4萬人的就業機會。但研究園以當時的老模式運作——建築物隱沒林間，神祕而與外隔絕；員工守口如瓶，研究工作祕而不宣，各個領域互不相干。隨著新興經濟體迅速發展，有些事情終究是不能避免，三角研究園也變得黯然失色。可是到了2013年，就在研究園附近，我們發現，嶄新的智帶模式已漸見成果。在德罕，好彩香菸（Lucky Strike）的舊工廠經翻修後，杜克大學在那裡設立了「育成中心」。在羅里，北卡羅萊納大學的百週年校園則成為了全新類型的研究校園。具有前景的新創企業和大型公司，如瑞士－瑞典合資的ABB及德國的Mann，都在校園設有實驗室和辦公室，和大學人員合作，研究新型材料、潔淨能源和智慧電網。這裡到處可見年輕的創業者。

何謂智力共享

智帶當然會參考蘋果、谷歌、史丹福大學、麻省理工學院，以及矽谷和劍橋矚目的創新地帶，期望獲得靈感，嘗試仿效這些具領先地位的機構。可是，每個智帶的發展都有其獨特之處。經過兩年的研究，我們瞭解到所有智帶——不論我們是否到訪過——都有某些共通點：

- **迎接複雜、跨領域和成本高昂的挑戰**。這些挑戰單憑一己之力（不論是個人還是機構）無法應付。以往備受推崇、獨行其道的創新能手已不合時宜。
- **連接者**在背後推動。不管連接者是個人或團隊，都具備願景、人脈、幹勁，因此有力建立和鞏固智慧生態圈。
- 其運作的**智慧生態圈**由各方通力合作貢獻。生態圈的成員包括：扮演關鍵角色的研究型大學，新創企業、有名氣又積極於研究的公司、當地政府、社區學院或類似的職業訓練機構。此外，健康照護機構如教學醫院也往往是其中一員。
- **專注**於一個或幾個特定的領域或活動。
- **樂意分享知識和技術專長**。機構之間打破界線，鼓勵分享，彼此不再是一座座相互隔絕的穀倉。學術界、業界和政府之間的高牆倒下，化學、物理學、數學和生物學等學科的截然分野亦不復存在。
- 擁有**實體園區**，如育成中心和創業空間，通常設於現代化的製造或物流複合體，提供場地，鼓勵各方協作。

- 促進吸引人才的**環境**。除了大學、研究學院和新創企業的大量人才，智帶地區還有其他工作以外的賣點和福利，如價格相宜的住屋、各式各樣的咖啡館和餐廳、優良的學校和休閒活動。
- 擁有可動用的**資本**。充裕的資金可用於投資新創企業、分拆公司、附屬設施和育成中心。
- **瞭解和承認風險的存在**。以往，企業研究人員不太在意外面的競爭對手，但智帶裡的人都意識到，他們的地區曾受重創，威脅或許會重臨，因此他們都有著強烈的身分認同和地域自豪感，會不斷追求進步。

智慧生態圈：
機構與個人為網絡，連接者為紐帶

所謂智帶，並不只是一群機構因便利而聚集在條件吸引的地區。每個智帶都是緊緊相扣的生態圈，由各方通力合作，作出貢獻；參與其中的通常包括研究型大學、社區學院、當地政府、有名氣又積極於研究的公司，還有新創企業。生態圈亦有不同的支持者和供應商襄助，包括創投業者、律師和設計公司等。這些不同類型的團體分享知識，交流互動，組成社區，發展進步，從

而建立獨特的身分。

除了主要的研究型大學，智帶生態圈通常包括大規模的跨國企業，如俄勒岡州波特蘭的英特爾（Intel）。大型企業具備特殊的條件，對智帶來說是不可或缺的。相比新創企業，大企業能更靈敏地感受到全球競爭的寒風，反應固然也要比地區的技術和教育機構更敏銳。因此，他們明白，如要在競爭中領先，地區合作至關重要。此外，大型私人企業如英特爾的研究人員心知肚明，只為研究而研究已說不過去，研發工作必須交出有銷路的產品。他們不能像過去一般，安然地隱匿於資金充裕的研發孤島，埋首於有趣卻無法為公司增值的研究計畫。盈利與否成了首要考慮，研發預算亦大不如前。這些企業明白，機構內部的官僚和科層體制往往會扼殺研發部門的創意，因此有需要轉向外界，尋求合作。這些合作夥伴缺乏資金和全球組織，無法將新產品推出市場，但較少有跨域隔閡，也沒有太多繁雜的官僚作風。像英特爾這類具備高速運算能力的公司，能夠分析大學研究人員發掘到的新知識；反過來，研究人員亦能提供獨特而龐大的數據集。

因此，過去這些或許特立獨行大型企業，現在則感受到與智帶的確切聯繫。這些企業在智帶投資設施和人才，進一步增強公司和地區的實力。舉例說，英特爾在波特蘭的園區構成了該公司「在全球最大型和最完整的基地，是半導體研究和生產的世界中心，也是俄勒岡州經濟的支柱。公司在俄勒岡州聘用近1萬7500人，是州內最大的私營僱主。」[1]在研究途中，我們親眼所見，跨國企業對於智帶地區何其重要，所到之處，無一例外。

可是，大企業只是智帶生態圈的其中一員。生態圈必然有一位連接者，通常是個人，有時是集團，具備願景、人脈、決心和影響力，外交手腕靈活，說服力強，幹勁十足，能夠促成不同組織共享智力開發。連接者的行事風格會影響到智帶發展的方式。若連接者是個人，有時候可以是企業家，有時候是科學家，有時則是當地政治領袖或政府人員。連接者的背景各異，但都有自己對地區的願景，有本事挺身而出，實現願景。

舉例而言，柯拉修斯（Michael Collasius）是德國企業凱杰儀器（Qiagen Instruments）在瑞士分公司的執行長，也是蘇黎世智帶的連接者。[2]蘇黎世有好幾家實驗室設備公司，從未廣泛合作，各自也難以進行突出的研究，無法令蘇黎世在實驗室設備領域中獨占鰲頭。但當法醫研究人員——即實驗室設備生產商的主要客戶——希望有更好、更快、更便宜的方法研究DNA，情況開始有所改變。柯拉修斯在2003年說服各公司攜手合作，成立名為ToolPoint的研究機構。時至今日，已有超過30間公司加入ToolPoint的生態圈。若論生產實驗室設備，則各有側重，而非直接的競爭對手。「所有成員都十分信賴對方，」ToolPoint總監諾沙（Hans Noser）告訴我們。「各公司比鄰而立，增進互信。」[3]

因此，當大企業需要幫忙，連接者就會拉近各方，讓企業互相合作，提出新方案，產業聚落亦隨之而發展起來。人們逐漸感受到身分認同和對智帶的自豪感，以各種方式確立價值觀，訂下規則，有些明確具體，有些則心照不宣。智帶的成員都會信奉遵守，因為他們知道，只有同心協力才能成功。

有趣的是，在某程度上，產業團結一致，往往出於對威脅的認知。以往企業研究人員不太在意外面的競爭對手，但智帶裡的人都意識到他們的地區曾受重創，威脅可能重臨。艾克朗、恩荷芬、波特蘭，以及其他地方的居民猶記得美好往昔，但也不忘隨後的坎坷日子。隨著智帶成形，環境有所改善，他們自覺強韌，遂有能力應付新挑戰。

合作：
多方智力共享，迎接複雜挑戰

智帶成員建立聯繫，組成智慧生態圈，自有其十分具體的因由：應付複雜而成本高昂的挑戰。這些挑戰單憑一己之力無法應付，須以跨領域的方法著手。智帶成員需要緊密合作，程度更不是以往的聯合開發或合作計畫可比擬。學界的人才、機構與商界的大型公司和新創企業聯成一線，政府部門一同參與，還要算上慈善家、創投業者、法律事務所、設計工作室、文化機構、育成中心、

同業公會，以及業界組織等等。

如此深入的合作，尤其是學界和企業聯手，實是相對較新的現象。過往，學術界和商業界一向涇渭分明。當然也有些重要的例外，例如貝爾實驗室、美國太空總署，以及美國國防部與航太工業之間的合作。但一般來說，學者鄙視企業家，商人也對公私合夥心懷戒備。

到了1970年代，轉變開始出現。在歐洲，蘇黎世瑞士聯邦理工學院（Swiss Federal Institute of Technology）的魏斯曼教授（Charles Weissmann）創立了百健（Biogen），是歐洲首家成功的生物科技公司。百健的總部現在位於麻薩諸塞州劍橋市，是世界第三大的生物科技公司。在美國，生物化學家博耶（Herbert Boyer）和創投業者史文森（Robert A. Swanson）則成立了基因泰克（Genentech），研究重組DNA技術。這些公司向學術界展示出嶄新的模式：嚴肅認真的研究人員有著企業家的直覺和衝勁，成立了以研究主導的私營企業，集中創造突破性產品。

看見東岸的製造業和金融產業壟斷優勢，西岸的研究人員和企業家心感羨慕，一直伺機打出名堂。史丹福的研究人員和科學家－企業家合作，自1950年代起，由時任工程學院院長的特曼（Frederick Terman）擔當連接者，繼而取得突破，研發出電晶體、積體電路、微處理器、個人電腦、噴墨印表機，還有網際網路的前身。[4] 當地企業家瓦歐斯特（Ralph Vaerst）和記者霍夫勒（Don Hoefler）在1971年創造「矽谷」一詞，用以形容舊金山和聖荷西（San Jose）之間的地帶。矽谷的果園曾經興旺，但後來以矽為原材料的半導體占了主導地位，很多以研究為基礎的相關工業亦然，而且有名的創投公司亦資助了很多早期的新創企業。

矽谷的成功正好說明，政府出資研究的專利不應閒置一旁，只要政府、大學和企業緊密合作，加上適當的誘因，即可激發創意，將其轉化為商品。1980年的《拜杜法案》（Bayh-Dole Act）就是以這個概念為指導原則，容許研究人員和大學從政府資助的研究中獲利，使得矽谷的模式可像野火般傳遍美國。

經過了一段時間，瑞士和矽谷的新模式才得以興起。科學研究仍舊被視為神聖不可侵犯，用於商業用途就是褻瀆科學和商業之間聖潔的界線。可是，當繪製人類基因圖譜之類的科學嶄新洞見帶來了新商機，學術研究的商業應用就加快步伐了。工程師、資訊工程師、生物學家、化學家或物理學家開立公司漸漸變得可以接受，他們的公司都會專注於與自身研究有關的活動，例如研發新技術、新藥物或新材料。

隨後歐洲的監管措施改變，逼使人們接受這種合作方式。例如在1991年，瑞士政府推行新法，規定國立大學包括聯邦理工學院，將研究成果應用到商業產品的研發，引起軒然大波。研究人員別無選擇，只得另覓研究經費，與商業公司簽訂的工作契約就成了主要經費來源。歐洲其他國家削減政府資助學府的預算，新趨勢於是逐漸形成。

大型企業和學者及其他商業組織合作，尤其是新創企業，都有技術長（CTO）在內部推動，他們任職的公司背景迥異，包括殼牌（Shell）、飛利浦、艾司摩爾（ASML）、福克（Fokker）、帝斯曼（DSM，荷蘭國有煤礦公司）和全錄（Xerox）等。這些公司的領袖告訴我們，對他們和公司來說，與大學及新創企業合作已是例行做法，更是理所當然，尤其在產品研發的早期。比如說，總部設於荷蘭南部海爾倫（Heerlen）的帝斯曼是研發新型材料的領先企業。帝斯曼的技術長伍博特斯（Marcel Wubbolts）表示，公司一直希望研發不用依賴化石燃料的能源。他說：「自行研發第二代生物燃料過於複雜，成本也太高。」[5] 2014年初，帝斯曼與美國一家名為POET的小型公司合作，於愛荷華州埃米茨堡（Emmetsburg）開設了首家生物燃料工廠，以玉米殘渣代替玉米。埃米茨堡這個小鎮當時並非以技術研發見稱，當地的賭場反而更為人熟知。[6]

企業願意轉向和外界合作，還有另外一個重要的原因：瞭解業內最新情況，跟上相近領域的活動。目前的研究和創新多不勝數，分布各地，任何組織不可能憑一己之力，知悉每一個或許和業務相關的發展，當中更有些會構成競爭威脅。新創企業和小型企業大量湧現，很容易會被忽視，新技術或會威脅到公司本身的研究，隨時將其淘汰。透過合作掌握業界動向，對藥廠來說尤其必要。因此，美敦力（Medtronic）、諾華

（Novartis）和羅氏（Roche）紛紛在隆德、奧盧和蘇黎世的科學園設立辦公室（當然在劍橋也有據點），以便留意數十個潛在夥伴或對手，旨在投資沒有足夠資源測試新藥物的新創企業。除了特定的計畫項目外，他們也能從規模較小的公司獲得知識和技術專長。

專注、開放及信任的必要

智帶生態圈的成員多種多樣，如果大家都適當地保持專注和開放，智力共享將可卓有成效。專注所指的是把精力集中於特定的領域或活動；開放則是指願意和他人分享知識和一己之長。

共享並非典型的組織行為。個人或企業集中精力和資源創造新知識，是什麼促使他們願意和其他人公開分享呢？原因顯而易見：出於必要。龐大複雜是智帶項目的特點，要從事這種計畫根本別無他法。合作夥伴互相依賴，必須坦誠相對。另一個原因較不明顯：當企業極為專注於某一領域，則較少和夥伴的商業活動重疊，共享知識就不會那麼容易造成競爭威脅。

在波特蘭，州政府資助的俄勒岡健康與科學大學（Oregon Health & Science University，簡稱OHSU）和以該地為據點的晶片製造商英特爾訂立合作研究計畫，就是學府和擺明營利的團體合作的例子。研究計畫的目的是要分析大學大量有關癌症病人的數據。大學自世界各地收集數據，卻沒有能力管理如此規模的「大數據」，也沒有興趣將其發揚光大。大數據指的是海量而複雜的資料，通常來源分散、即時產生，人腦或傳統的資料處理應用程式分析不了，需要依靠強大的運算能力、高階的分析工具和精密的演算法，得出專有而切實可行的分析。英特爾雖然沒有足夠的超級電腦運算能力去處理醫療研究的大數據，但只要將多部電腦連結起來，就可以將大學的資料分批處理，足以應付研究的需求。

這次合作非同尋常，俄勒岡健康與科學大學將大量保存起來的病人數據交託給英特爾；作為回報，英特爾又讓大學進入其運算的祕密基地。雙方都渴望合作，因為兩者都需要對方的專長，而且又不用擔心會淪為競爭對手。現實的考量以外，雙方對波特蘭智帶都有一分自豪感和身分認同，明白成功的價值和規則。因此，合作既基於商業需要，也講求互信。雙方通力合作，毫不擔心對方反悔，甚至在訂好正式契約前，計畫已經開始。這樣的大型技術協議幾乎聞所未聞。

智力共享至關重要，開放也不可或缺，你可以想像，兩者令商業和學術組織的架構和合作關係出現變化。兩種組織的特點相似，都會妨礙合作和創新；本質上一貫按等級劃分，各自為政，有如一座座穀倉，極度保護智慧財產。我們在智帶發現，目標明確的團體十分樂意和其他專注的夥伴分享知識，俄勒岡健康與科學大學和英特爾就是一例，而且他們在產品研發初期就會這樣做，畢竟緊閉實驗室大門才是過往的慣常做法。

研發過程的革新，不僅改變了商業和學術機構對待彼此的態度，學者在自身機構內共事的方式也有所轉變。傑克森（Shirley Ann Jackson）曾在貝爾實驗室工作多年，現在擔任壬色列理工學院（Rensselaer Polytechnic Institute）校長。她向我們解釋：「現在所有尖端的研究都是跨領域，重大的新發現都存於學科之間。」所以化學、物理、生物、數學和工程等學科的截然分野正逐漸瓦解，得益於新知識的同時，組織相互隔絕的穀倉亦告消失，套用傑克森的說法，就是「慢慢地自然消亡」。
7 圍牆塌崩，合作開枝散葉。

環境：吸引人才，激發創意

不同的團體培養協作能力，建立互信，組成智慧生態圈。但智帶不止於此，而且還具備獨特的環境，可以吸引人才和目標明確的企業，支持他們的合作計畫。

這些環境具有吸引的現實要素，有助凝聚人才。科學園、新創企業育成中心、共享工作設施、設於翻新工廠的辦公室，應有盡有，間或相鄰矗立於創新區域。這樣的環境有力吸引年輕、流動、多元的大學畢業人才、企業家、工程師、企業研究人員、創投業者、設計師及其他人士。除了工作環境，人們選擇智帶地區，因為住屋價格相宜，以及工作以外的賣點和福利，從咖啡館至餐廳，到優良學校及休閒活動等，一應俱全。他們有很多非正式的機會可以見面交流，互相啟發。

只要智帶環境的好處開始口耳相傳，智帶的發展便會受眾人青睞。新創企業愈開愈多；大型公司分拆業務，成立衍生公司；潛在投資者提出更多商業計畫。與矽谷或波士頓相比，在曾是鏽帶的地區，其營運成本較低，人才眾多，吸引跨國企業在區內重新投資人才和設施，甚至設立新部門，開展新嘗試。被遺忘的市中心地區重新發展改善；新的店鋪和商家開業；稅基擴大；地區服務有所改進或增加。隨著合作日益頻繁，互信與日俱增，參與者逐漸明白，他們所從事的事情非同一般。

領袖、模範角色、在地英雄紛紛出現。企業家和研究人員留守地區，扮演新角色，例如導師、教練、投資者、顧問、董事局成員、合作夥伴和老師等。他們或投資培訓計畫，或成立專業協會，或成為發言人及說客，為智帶謀求利益。他們也會支持育成中心，開設科學園。蘇黎世科技園（Technopark）於1993年開始營運，目前共有超過300家新創企業進駐，員工超過2000人。史匹格（Lesley Spiegel）曾任科技園執行長五年，她告訴我們，現在她大部分時間都花在指導企業家。她認為年輕人滿有熱誠，但欠缺了管理的竅門。「不論業務發展至任何階段，我都會與他們交流，建議更好的方法去吸引人才和尋找資金。」[8]

睡醒的美人：從沉睡到合作與專注

我們把成功的智帶看作「睡醒的美人」，因為智帶有如童話中沉睡多年的睡美人。過去，政策失能、領導無方或錯誤方向如同邪惡女巫，令這裡落得一潭死水，連企業家和投資者也認為沒有希望。可是，躺著不動並不代表失去一切。**智帶依然具備優秀的條件，有精力、技能、知識、人才和潛力。**

接著神奇的事發生，喚醒了睡著的人。童話故事中神奇的是王子的吻，至於在沉睡的智帶，事情就沒那麼簡單。通常美人睡醒，緣於個人或團體遭受挫折，到了危急關頭，或通常是新角色出現。即使早早意識到身處的地區沉睡已久，人們還是沒有採取什麼行動，只盼望奇蹟出現，可能是政府救助，或是發現未知的資源。最後，當大家清楚知道解決辦法不會從天而降，連接者就會挺身而出，親自解決問題，到時候其他人也做好準備，隨時響應。連接者團結各方——政治領袖、企業家、科學家和政府人員——認清長處，物色資源，達成共識，共同訂下宏大目標。

如我們所形容，不同的角色慢慢學會合作，更為專注。不同的合作風格和性質賦予智帶獨特的形象。智帶善用荒廢良久的專長，在已有的基礎上發展，再擴而充之。以艾克朗、隆德和恩荷芬為例，三地早已掌握非常豐富的新型材料知識；奧巴尼、德勒斯登和恩荷芬則對晶片和感應器極為熟悉；生物科技和生物製藥是蘇黎世、德勒斯登和羅里的主要賣點，波特蘭稍遜一籌；明尼亞波利斯、奧盧、波特蘭就以醫療器材為主。

現在美人不僅睡醒，甚至比被邪惡女巫下咒前更有活力，發展出新的才能，特別是學會適應新環境，集中精力於新的活動領域。我們到訪過的其中三個地區率先發掘了智力共享的新概念。1980年代，愛立信手提電話就是誕生於隆德的伊德恩科學園。當愛立信失去市場地位，隆德頓失方向，卻沒有如以往般陷入休眠，而是臨機應變，投入3億美元，投資新型粒子加速器（Particle accelerator），重新專注於研發新型材料和藥物。芬蘭奧盧也有類似的發展，蘋果和三星（Samsung）的智慧型手機擄獲市場，諾基亞（Nokia）同樣大受打擊，但企業家和當地政客善用無線技術的專長，集中研發穿戴式醫療設備。

睡醒的美人不忘沉睡的日子，更加清楚風險或會降臨，變得十分善於避開惡咒。

智慧製造和智慧工廠如何運作

智帶模式不單改變創見過程，還革新了將創意實現為產品和技術的方式。有了嶄新的製造方法，尤其是下文提及的機器人技術、3D列印、物聯網（Internet of Things），就可以創造出全新一代的聰明產品。過去幾十年，工廠只顧降低成本，準時交付，但智慧製造則有所不同，注重用家需求、本地定位、複雜程度和品質。

傳統製造業著重個別員工的生產力，智慧製造則強調團隊成員之間的智力共享。

從下頁列表可見，「智慧工廠」顯得與傳統工廠大相徑庭，運作方式也有天淵之別，包括設備、組織、過程、制度和心態，統統相異。智慧工廠一般較為小型，高度自動化。系統操作員、設計師和研究人員緊密合作。工廠不再依循標準工時，而是全天候運作。客戶訂單、原材料、供應商零件、生產、運送和維修，全屬同一個資訊系統。智慧工廠廣泛使用先進材料，基本上不會製造廢料；每個步驟密切監督，（幾乎）消除任何瑕疵。比起低成本，客戶更在意貼近需求、品質良好、迅速交付和設計創新的產品，所以產品都是按批次特別設計，而非大量生產。智慧工廠占地少而且潔淨，可以設於智帶創新地區的市中心，技術人員和工程師都會想住在這裡。

傳統製造業	智慧製造
倚重機械	自動互通
工人生產力	團隊增值
講求效率	不斷學習
資源外包	智力共享
層級僵化	平起平坐
職位權勢	知識服人
一成不變	別開生面
循規蹈矩	好問決疑
命令和控制	投入和影響

未來的智慧工廠將徹底改變，全因三項關鍵技術：機器人技術、3D列印和物聯網。新一代的機器人技術聰明靈活、流動多變、成本低廉，令新創企業和小型公司都負擔得起自動作業，產品又適合消費者需求，客制化程度之高前所未有。3D列印用上的材料五花八門，與日俱增，將會革新組件的生產方式，並大幅減少廢物，同時發揮空前創意。有了物聯網，機器、組件、生產商、供應商、客戶，以至所有人事物，都可以互相溝通。其用意並非沒完沒了的無謂溝通，而是希望縮短從下單到生產的時間，令瑕疵歸零，避免停機，充分利用每個系統。

在我們到訪過的每個智帶和創新地帶，我們得以一瞥嶄新的製造方式：聰明、快捷、便宜、適合用家需求、有創意又複雜，令人拍案叫絕。

機器人技術：
自動作業如何令低廉勞力優勢喪盡

我們與Rethink Robotics公司的執行長埃克特（Scott Eckert）相約見面，[9]就在他位於波士頓的研究實驗室，[10]他向我們介紹了其中一位員工「巴斯特」（Baxter）。巴斯特看上去與常人無異，身高178公分，重75公斤，有眼睛和手臂，應有的都有，也算得上有腦袋；很容易就可以推著他在房間走動，他也懂得回

Rethink Robotics的創辦人布魯克斯，以及機器人湯姆（Sawyer）和巴斯特（Baxter）。圖像來源：Rethink Robotics。

應指令。不用說，他並不是人類，而是人形機器人，配備三台攝影機、聲納偵測器和多個感應器及其他先進技術。巴斯特可以「看見」和「感受」周遭環境；即使物體的位置有變，他也找得到。他可以抓取、握持、提起及移動物件，輔助人類，精於多任務作業，能夠分開使用雙臂，處理不同事情。

巴斯特不僅靈活，且價格廉宜，購入和運作的成本俱低。

若以售價2萬2000美元及工作時數6500小時計算，巴斯特的「時薪」大概是三美元。巴斯特這類機器人擁有勞動力成本的優勢，對小型企業而言極具吸引力。目前為止，這些企業只能奢想利用機器人製造產品，因為根本負擔不起六位數美元的定價或所需的配套建設。若論流動性、創意和成本，埃克特認為，傳統工業機器就好比大型電腦主機，巴斯特則有如個人電腦。

前麻省理工學院教授布魯克斯（Rodney Brooks）是機器人技術的先驅，有人稱他為「機器人技術的壞男孩」。他設計的巴斯特可堪為榜樣，代表了專為智慧工廠而設的聰明機器人。[11]美國、日本、德國和南韓等地雖有十幾家公司製造人形機器人，但一直主要用於研究或軍事。[12]現在，這些容易使用的機器人進駐工廠，正在改變工廠的概念。

機器人和自動作業都是智慧製造的關鍵。隨著機器人的價格下調，開發中國家的工資上漲，還要繞到半個地球外生產產品，不太說得通，因為即使將生產線移近消費者，成本也一樣。**我們詢問過耐吉（Nike）創辦人兼主席奈特（Phil Knight），在高工資國家用機器人製鞋是否可行，他斬釘截鐵地回答，可以。「事實上，大部分奧運選手穿的鞋已經是這樣製造。我可以預見，任何人都可以使用3D儀器量度雙腳，鞋履完全量身定製，避免不合尺寸。」**[13]不論是外衣還是內衣，也許所有衣服也能以同樣方式製造。

巴斯特的例子說明，這一代人形機器人大大改進，比前代更靈活、更便宜、更易用、更聰明。結合人工智慧、感應器、大數據分析和低成本電腦運算，這些聰明的機器人可以不斷學習，而非純粹重複同樣的工作——透過學習，機器人「腦袋」的容量可以提升。機器人技術專家估計，現時機器人辦到的工業作業，只有最新型的十分之一，所以潛力依然龐大。[14]

不過，發揮潛力需時。像人形機器人這樣的新技術，必須制訂共同的標準，研發通用的操作系統，以及製造專用組件配合。雖然面對這些挑戰，自動作業還是即將成為新的常態，而帶領趨勢的正是智帶裡的機構。

3D列印：積層製造，無所不能

智慧製造的第二個關鍵要素就是「積層製造」（additive manufacturing），又稱3D列印。今天，3D印表機可見於研究實驗室、新創企業、外太空、手術室、博物館和學校，在製造業的角色愈來愈重要。

傳統製造業採用不同的製造方式，包括注射成型、機械加工、雷射切割和焊接等。3D印表機則把材料逐層疊加，沉積成立體實物，一體成型，成品不會有任何接合點或弱點。數碼設計模板使用電腦輔助設計檔案（CAD file），指示印表機每一層材料確切的形狀，以造出最終成品。[15]

「美國製造」（America Makes）的前身為美國國家積層製造創新學院（National Additive Manufacturing Innovation Institute，簡稱NAMII），設於俄亥俄州揚斯敦（Youngstown）一個舊倉庫，我們在那裡見識過3D印表機。[16] 2013年，美國總統歐巴馬於國情咨文中宣布成立15間同類學院，美國製造是第一間。[17] 美國製造的創新工廠（Innovation Factory）經理柯利爾（Kevin Collier）曾任職3D系統公司（3D Systems），他帶我們參觀了工廠的設施。他形容，過去四年，3D列印從快速原型設計發展到真正製造，取得了長足進展。「每天，應用的地方和流程的類型愈來愈多，速度也愈來愈快，」柯利爾說。變形以及如何使用兩種不同材料的問題一直存在，但目前正逐一解決。製造商利用3D列印造出汽車和飛機的原型，加工逐漸普及的複合材料。在醫療產業，3D印表機可用於製造膝蓋和髖關節，以及人工身體部位，讓戰場上受傷的人換上。「進展正加快步伐，」柯利爾說。[18]

我們尋訪北卡羅萊納州教堂山（Chapel Hill）時，韋克菲爾德集團（Wakefield Group）的執行合夥人、創投業者尼爾森（Steve Nelson）讓我們先睹為快，一窺新型3D印表機，引起了我們的興趣。這部3D印表機毫不簡單，可以包辦整個生產過程，從實驗室中製作原型，到工廠製造所有產品，悉數涵蓋。德西蒙（Joseph DeSimone）是系統的發明者之一，他正好體現了學術穀倉的瓦解，以及學界和商界之間的智力共享。他是北卡羅萊納大學（University of Carolina）的化學教授，也是北卡羅萊納州立大學的化學工程教授，名下擁有超過350個專利。德西蒙也是企業家，參與創辦過幾家公司；他向大學申請休假，當上了新公司Carbon3D的執行長。該公司的新系統比舊有型號快上很多，最終更可快至1000倍，而且適於精密度要求極高的生產，也可以用於產品「微製造」，例如特製支架，可按病人身體構造定製，也可用於疫苗和藥物遞輸系統，以及精密的渦輪葉片。「我們的流程可供革命性商業生產所需的品質，」德西蒙說。[19]

我們相信，3D列印會帶來高效率的生產模式，節省能源，消除瑕疵及避免製造廢物。長遠而言，最重要的是，3D列印潛力極大，讓創意和想像力得以發揮，造出超乎想像的產品。

物聯網：物物相連，處處相通

智慧製造第三個要素是物聯網。根據世界銀行的數據，2015年大概有50億人使用網際網路，連接上網的物品更達250億件，使機器對機器（machine-to-machine）的無線通訊需求增加。給機器裝上感應器，持續分析所得數據，可以減少意外停機，在預定維修時間發出警告，將來甚至可以在機器失靈前及時維修。在2013年的TED講座中，通用電器首席經濟學家安農齊亞塔（Marco Annunziata）形容工業互聯網路（Industrial Internet）是「頭腦和機器的聯姻，影響力可比擬工業革命……不是使機器變得聰明，而是變得了不起。」[20]

意識到物聯網的革命，英特爾、思科（Cisco）、IBM、AT&T和通用電氣於2014年3月宣布成立非營利組織工業網路聯盟（Industrial Internet Consortium，簡稱IIC），聯盟的會員資格對外開放，旨在制訂共同標準，讓資訊可以在機器間自由流動。這類計畫證明，起碼美國某些掌握技術的主要公司重視工業網路。西門子（Siemens）也是其中之一，西門子北美洲工業部執行長路德維希（Helmuth Ludwig）宣稱：「智慧製造的未來就在今天。現實和數位製造趨於融合，工業無疑正經歷典範轉移。產品的設計和規劃，一向跟生產工程、執行和服務分開，新技術能夠整合各範疇，實是令人振奮。」[21]

西門子不但放眼未來，而且劍及履及。西門子位於德國安貝格（Amberg）的智慧製造廠房占地約3035坪，生產950種不同的模組化控制器，每年產品變化達5萬，組件數目超過16億，合共用上1萬種來自250個供應商的材料，每100萬個控制器只有15個有瑕疵。廠房各處巧妙地設有觸控螢幕，不論是整條生產線還是個別步驟，操作員都可以隨時檢查。[22]

為了看看工業網路在工廠內的運作情況，我們來到哈德遜谷的斯克內克塔迪（Schenectady），參觀了通用電氣全新的工業用電池工廠。說來諷刺，圍繞工廠四周的都是舊建築，全是通用電氣以前的電燈和發電機工廠——果真是由鏽帶蛻變成智帶。在這個總值1億7000萬美元的廠房，通用電氣採用自家版本的工業網路，連接多個感應器，組成先進系統，記錄和追蹤生產過程的每項參數，由汙染物、資源來源、溫度到機器編號，一旦出現任何潛在的異常情況，系統都能夠追溯至源頭，並進行修正。通用電氣重新出發，在新設備置入這個先進的資訊系統，有助找出錯誤，提高效率。系統亦有助避免停機，及時維修機器。通用電氣的工廠充分說明，數位科技在傳統製造業的角色日益重要。[23]

有賴機器人、3D列印和工業網路三種要素，美國和西歐各個智帶的智慧工廠得以透過智力共享，發展產品和技術。

如此一來，話題就轉到智力共享和智慧製造活動的成果——產品和技術。下一章，我們可以看到，這些產品和技術都集中於三個領域：晶片和感應器、新型材料和生命科學（包括生物科技和醫療設備）。這些活動只見於智帶，皆因為如果智力共享能夠發揮速度、效率或創意，單打獨鬥的人就只能望塵莫及。

幸好，智力共享的確有力發揮，地點更令人意想不到，例如艾克朗、恩荷芬、隆德和德勒斯登，甚至是曾為鏽帶、經常下雪的紐約北部城鎮。

第 2 章

創新社群的連接者

晶片與感應器革新的熱爆地帶

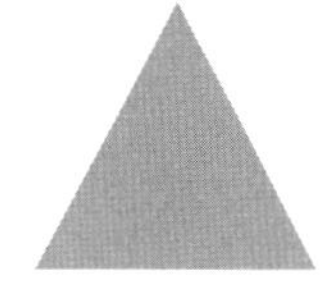

我們走遍歐美，尋訪曾經的鏽帶，一路觀察下來，發現這些已成智帶的地區，都有一些不容小覷的共同點，例如歷史的背景、活躍的人群、負責串連的人物、共享智力的方式、先進製造技術的運用，以及在創新領域的傑出成就。而且，這些地區都在進行極為專門而複雜的技術研究，科研過程都涉及跨領域合作，高昂的研究成本也難以由一方負擔，須由多方分攤。但是，就算如此相似，每個智帶都有自己精於從事的經濟活動，涉獵的範圍也相當明確。例如，艾克朗和恩荷芬專於聚合物，明尼亞波利斯和奧盧擅於生命科學，而在奧巴尼和德勒斯登（還有恩荷芬），晶片和感應器才是焦點所在。以往的工業密集帶主要位於一個特定區域，由一群相互關聯的企業以及鄰近的供應廠商所組成。**相比之下，智帶有別於傳統工業帶，原因有二。其一，智帶的核心元素之一是大學院校；其二，智帶中的各個群體不但相互連接，而且緊密合作。各個群體的知識和研究領域都極為專精，彼此沒有威脅，因而更樂於形成密切而公開的合作關係，強強聯手，實力自然大增。這些群體的研究領域互不重疊，安全感非常充足，有時還願意跨界競爭，擦出火花。**

各有獨門技術，也不吝於開放合作，看來是兩全其美了。要形成這種環境，任何產業所需的基本要素都是一樣的，只是產業不同，協作形式也各有不同而已。本章即將逐一探討這些基本要素，從連接者的作用、實地環境的影響及傳統的力量，而至供應鏈向價值鏈的轉化和強大社群的形成，細細分析智帶地區如何催生晶片和感應器領域的種種重大突破。

智帶的典型機遇：物聯網

如今，地球上幾十億人透過智慧型手機相互連接，指尖一觸立刻能引發資訊爆炸。但說到對生活的衝擊，智慧型手機遠遠比不上物聯網。這指的是數以千億計連上網路的機器、設備等物件，也就是一個能隨時產出並即時分析超大流量數據的網絡。這個網絡連通城市、家居、交通、電訊，廠房和公用基建，裡面每一台設備都經互聯網而彼此連接，任何資訊都可即時分享。這對於我們的健康、教育、生產力、食品安全甚至幸福指數而言，意義是非比尋常的。比如說，自動駕駛汽車也許可以舒緩都市的交通堵塞，減少引致傷亡的路面意外；我們在體內植入微型晶片，或許就有助監測健康狀況，實現自我調節；有了智能儲能電網，就能隨時利用各種替代能源，發電效率理想又可靠。物聯網有多大潛力，幾乎是無法想像的（誠然，有關安全和隱私的重大隱憂，也會隨之而來）。

這些潛力能否發揮，取決於安裝在所有電子設備中的感應器，以及負責連接設備、處理超量數據的電子晶片，兩者的資訊容量和運算能力都是關鍵。未來的感應器和晶片外型必須愈來愈小，功能必須愈來愈強，造價也要愈來愈低。這是全球創新技術的大勢所趨，也是各大創新中心的共同目標。我們拜訪過的三個智帶地區也在奮力求索，包括紐約州哈德遜科技谷的奧巴尼，德國的德勒斯登和荷蘭的恩荷芬。

各地科研人員在過去數十年爭相競逐，以求製成更小巧、更強大的晶片。上述三個精於發展晶片技術的智帶，儘管目前未受矚目，實則已躋身領域尖端。他們的研究聚焦於兩大問題。第一，如何能製造更大的矽晶圓（即可供載入晶片的半導體薄片），提高單片晶圓可容納的晶片數量，從而降低成本；第二，如何能縮短晶片表面微電路的間距，從而以更小的晶片提供更強大的運算能力。面對這些難題，必須匯集設計和研發的人才來智力共享，再運用智能生產技術，才能覓得出路。

在奧巴尼，創新的方向是運用在原子、分子層面改變物質的奈米技術，研發直徑450毫米的新一代大型矽晶圓。在德勒斯登智帶，研究重點在於晶片的製造技術。而在恩荷芬，智力共享讓晶片設計和製造技術都大有進展，其中一項革新是極紫外光微影（Extreme Ultraviolet Lithography，簡稱EUVL）的應用，晶片性能將因此更趨穩定可靠，精度亦會大大提升。

這三個地區都可比作「睡醒的美人」。智帶共有的種種成功因素，目前正齊集天時、地利、人和之功，讓三個地區從長久的休眠中醒來，煥發出全新活力。

紐約州立大學理工學院校長卡路爾諾（Alain Kaloyeros）
圖像來源：紐約州立大學理工學院

奧巴尼：
連接者如何發揮核心作用，匯聚智慧？

奧巴尼地區能夠成為智帶，離不開一位重要人物：奈米技術學者卡路爾諾（Alain Kaloyeros）。他主持紐約州立大學（下稱紐大）理工學院轄下總值200億美元的奈米科學工程研究學院（下稱奈米學院），隸屬於紐約州大學系統。卡路爾諾成長於黎巴嫩，內戰時正值年少，做過基督徒民兵，在貝魯特市區橫街窄巷打游擊，幾度死裡逃生，後來退下火線，轉投學術界。

1987年，他在伊利諾大學取得實驗凝態物理學博士學位，隨後不久便證明自己做個物理學家也一樣有打不死的精神。卡路爾諾的科研成果非常豐碩，但本身既不是麻省理工和史丹佛那種典型「技術宅」，也不像那些出身矽谷、一心創業的神奇小子。然而，他擁有一種連接者所必需的才華，有本事在鏽帶掀起復興浪潮。這種才華極其重要，在此後章節也會一再呈現。

然而，智帶的連接者又不同於普通的社交連接者，其作用還更進一步，這一點尤其值得注意。一般來說，社交連接者本身就在幾個社交群體之中，能在背景各異的人之間牽線引見，而這些人本身也有意跳出自己的圈子，相互認識。**智帶的連接者同樣有此用心，也精於交際和經營人脈。但不同的是，他們還具有某種遠見，能深深感染他人，讓人願意突破自身的條條框框，徹底信服於這種遠見；他們也善於鼓勵別人多交朋友，尋找彼此共通之處，走出各自的「安樂窩」，形成前所未有的合作關係，繼而組成一個可自行成長的創新社群**。當然，智帶連接者最初難免會遭到冷遇，畢竟不是每個人或群體都樂意與外界接觸，甚至一聽到這種邀約就會心生敵意。

育成中心如此關鍵而艱鉅的任務，卡路爾諾是如何完成的呢？ 1998年，他應紐約時任州長古莫（Mario Cuomo）之邀，來到奧巴尼，就任奈米學院院長。當時，古莫和一小撮州議員深信，紐約州鏽帶衰落已引發不少問題，為長遠之計，必須另定良策。他們得到IBM和紐大的支持，開始著手發展晶片製造

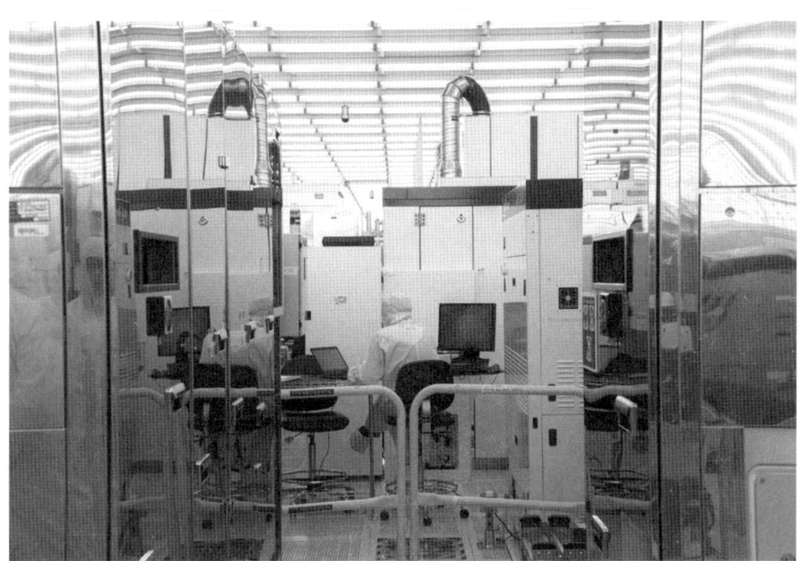
紐大學理工奈米學院的無塵室。圖像來源：Peter van Augtmael/Magnum

業。但他們還需要一個人，一個實力超群的領導者，一個能說善辯的發言人，一個在學術研究獨當一面、對產業發展也有一腔熱血的科學家。踏破鐵鞋，他們終於找到了卡路爾諾。

2013年，我們初訪奧巴尼，首次踏入奈米學院。當時我們的想法非常一致：這種頂尖的研究機構，不是應該出現在亞洲，比如臺北以外的新竹科技園區那種地方嗎？怎麼會坐落在奧巴尼這個似乎自身難保的美國城市，而且還位於市郊？看看整個奈米學院，就是一組現代風建築群，外牆是反光鏡面和金屬材質，建築內部設有辦公室和實驗室，樓廈之間還以透明玻璃廊道相連。

然後，我們見到了卡路爾諾本人，佩服之感有增無減。他熱情健談，思維敏捷。在這一秒，他可能正跟我們談車，說起他那輛價值25萬美元的法拉利F458 Spider，怎樣在3秒之內達到時速100公里；而下一秒，話題就跳到新一代半導體的技術疑難。就我們所見，他是奧巴尼智帶的強大推手，目標非常簡單：取代亞洲，成為世界第一晶片產地。他不論是研究或營商，顯然都擁有足夠實力吸引全球領先的半導體廠商加入奧巴尼，把那些頂尖的研究計畫一一收於麾下。

然而，當時的我們並不能理解，這樣一位世界級的物理學家，有數之不盡的選擇，為何偏偏會留在奧巴尼。報酬固然是一個因素，但吸引卡路爾諾的不僅是錢。他解釋說，在世界上任何一個巨頭企業或學術機構，他都能輕鬆找到一個待遇豐厚的職位；但在奧巴尼，他看到了獨一無二的機遇，過程會充滿挑戰，結果卻將意義非凡。在這裡，他可以加入當下最激動人心的產業，召集各地科研與工程菁英，建立一個龐大的專家團隊，合力喚醒這個沉睡的鏽帶城市，甚至有朝一日，能夠與當前的晶片製造中心一比高下，扭轉長期以來由亞洲統領的產業格局。

卡路爾諾非常清楚，這個過程殊不容易，不是找幾個人來開一兩次會這麼簡單。創新產業有一種根深蒂固的懷疑，認為要讓不同領域的行家聚集一堂，以完全開放的態度，攜手進行創新計畫，並且要合作多年，這是根本不可行的。卡路爾諾首先就要打破這種迷思。

幸好，當時的紐約州州長和IBM都很有憂患意識，知道奧巴尼前景黯淡，必須面對現實。而且，州長辦公室和IBM總部都在奈米學院附近，有地利之便。紐約州府、州立大學系統（SUNY）以及當地企業已深切感受到來自國內外的競爭。州立大學奧巴尼校區的高層迫切希望掌握最先進的製造技術，但每當要爭取政府撥款或產業資助時，總是輸給麻省理工等國內一流研究型學府，競爭之路屢屢受挫。與此同時，IBM也有了新的想法。IBM有自己的半導體製造部門，在紐約州東菲什基爾（East Fishkill）設有廠房，技術亦數一數二。一直以來，公司的技術革新都以所謂「克里姆林模式」（Kremlin Model）進行，過程完全自主、封鎖，幾乎是閉門造車。此時此刻，IBM感到這種做法已經過時，無法催生驚人的突破，公司自然難以立於科技尖端。況且，想要快人一步、領先全球，還需要數以十億計的資金來支持技術革新。連IBM這樣規模宏大、人才濟濟的公司也勉力難為，那麼，世界上任何一家公司都只能望而卻步。

由此，卡路爾諾認識到，創新領域的每一分子都有某些無法自己解決的需求，而透過智力共享，每個人都能各取所需。例如，紐大成立的全球先進製造業中心（Center for Advanced Manufacturing），主要從企業獲得研究設備的資金，企業的基礎研究則有賴學術機構來完成。但是，這種互利關係過去只限於某個研究項目，合作雙方並沒有共同目標，合作過程也不甚公開，研究產生的知識最終也只在項目內分享，不會對外公布。

所以，卡路爾諾相信，他們需要的是一個智力共享的新環境，而這個環境需要一個實體，即行內所稱的「育成中心」。正是出於這種理念，他創立了令人歎服的奈米科學工程研究學院，並將此大型計畫命名為「800磅大猩猩」（800-pound gorilla）。

在奈米學院，科技產業的研究人員可與紐大教授及研究生一同工作。卡路爾諾相信，產業企業既然擁有這些研究資源，也確實在使用資源，自然就會不斷革新；只要產業不斷革新，學校在合約制的產業合作計畫中也會大獲裨益。具體而言，學校將更能吸引優秀人才，更能扶助新創企業和分拆公司（Spin-off），專利等知識產權也會更有保障。「總而言之，」卡路爾諾告訴我們，「我們相信，只要你是研究基礎建設的一分子，最後一定會受惠於技術革新。」[1]

卡路爾諾也明白，除了要遊說產業現有的活躍人士前來奈米學院，還要吸納新人才行。於是，他創辦了全球450聯盟（Global 450 Consortium，簡稱G450C），並說服全球科技產業巨頭前來加盟，包括美國英特爾、IBM、日本尼康（Nikon）、南韓三星、臺灣積體電路公司（TSMC）、格羅方德半導體公司（GlobalFoundries）等等。這些大型企業最新的研究活動，目前都以奧巴尼為據點。有關直徑450毫米半導體晶圓的研究工作主要由奈米學院進行，格羅方德的半導體在紐約州馬爾他（Malta），而三星和台積電分別在首爾和臺北設有研究和生產部門。2015年8月，我們再次前往奧巴尼，有幸參觀了奈米學院的一間無塵室。那時，工程師正忙於測試世界上第一部450毫米直徑晶圓製造機的運作過程。這一突破，有賴一群堅毅不拔、富有創見的專家，耗費十年心血和嚴密實證，才得以面世。[2]

卡路爾諾在籌組全球450聯盟時，曾以三個強而有力的理由，徹底說服這些科技產業的天之驕子。首先，奈米學院那種空前的合作模式可大大提升效率。在傳統合作方式中，大學和企業的分工流於零散，也沒有一致方向，各自工作成果得不到整合，七拼八湊就組成所謂的合作計畫。相比之下，智力共享的合作效率顯然更高。

其次，卡路爾諾也強調，智力共享在現行體制中有其優勢。同一產業內的企業原本互為競爭對手，但只要參與大學科研，便師出有名，可以分享資源、共用資訊，不必擔心聯邦政府的反壟斷審查。他們憑著大學的合作關係，還能夠集資數百億美元，購買最先進的科學設備，開展最尖端的研究，這樣既能解決單一企業資金不足的問題，也不怕有業內勾結或操縱價格的嫌疑。如此一來，一個完全開放的平台就形成了。這裡每一個人都能從研究中受惠，每一個人都能繼續運用各自的科研成果，開發自己的專利產品。

第三，卡路爾諾保證，加入全球450聯盟之後，一定有機會參與更重大的挑戰，成功的機率會更高，報酬也更豐厚。在今天的紐大理工奈米學院，3500名來自科技產業的科學家和工程師正與校內教授和研究生聯手，晝夜不息，合力推進這個耗資300至400億美元的研究計畫，運用極紫外光微影等先進技術，積極研發新一代直徑450毫米的矽晶圓。在此，日本尼康、荷蘭半導體製造商艾司摩爾（ASML）、德國的光學儀器製造商蔡司（Zeiss）以及雷射科技公司創浦（Trumpf）都是重要成員。[3]

此外，紐大理工也在東紐約天使基金會（Eastern New York Angels，簡稱ENYA）的支持下，成為奧巴尼當地新創企業和分拆公司的育成中心。基金會在過去兩輪集資合共籌得3900萬美元資金，所資助的九家新創企業各獲5萬至25萬不等的注資。其中一家就是節能鋰離子電池製造商貝斯科技（Bess Technologies），其新型電池可用於電動汽車和消費電子產品，儲電量更高，充電速度也更快。

卡路爾諾相信，半導體產業經過種種革新，已經成為一種模範。美國的其他產業如果同樣銳意創新，所涉科研又相當複雜的話，大可以此為參照。「人們過去常說，想去奧巴尼，每一條路都必經IBM。」他如此說道，「現在人們會說，要去IBM，必經奧巴尼。」他說的當然不是在州議會占一席位的奧巴尼，而是紐大理工奈米學院的所在地奧巴尼。

智慧磁鐵：從校園擴至地區的創新環境

目前，奧巴尼智帶已超越了城市的界限。奈米學院只是成功的一例。在紐約州內，政府、學界和企業聯手開展的創新活動，已形成了今天大名鼎鼎的哈德遜科技谷。

距離奧巴尼20分鐘車程的壬色列理工學院，是美國主要學術研究中心之一。校長傑克遜（Shirley Ann Jackson）也同意，奈米學院成立之後，奈米科技確實大有發展，半導體製造商重獲生機，區內也湧現大量職位。而同樣重要的是，奈米學院的科研工作激起一波科技新浪潮，半導體產業從此不再囿於矽材料本身。據她透露，壬色列理工學院的科研人員「已經在思考2020年之後的事」。他們各展所長，希望以奈米技術結合生物技術，一併打破矽材料產品的所有侷限。[4]

紐大理工奈米學院的影響亦逐漸從學術研究擴至實際製程。我們從壬色列的科研實驗室出發北上，沿87號州際公路行駛30公里，到達馬爾他市。就在此地，全球第二大獨立半導體供應商格羅方德斥資100億美元建立先進晶圓廠（行內稱為「fab」）[5]。格羅方德政府關係主任盧索（Mike Russo）告訴我們，自2007年經濟大衰退以來，這是在國內待開發地區上進行的最大型建築工程，也將是全球最現代的全自動工廠。第一期工程在2012年投入使用，2015年僱員人數已達3200人。這裡的生產設備日夜不停、年中無休，技術人員身穿白褂，佩戴藍色護目鏡，一直在監控設備的運作。全體員工年薪總額達3億5000萬美元，人均年薪為9萬美元。

過去格羅方德只在新加坡和德國德勒斯登設有舊式廠房，技術相對保守，後來在2014年10月購入IBM的半導體工廠及其智慧產權，馬爾他新廠亦陸續落成。目前，公司規模雖然比不不上台積電、三星等全球最大半導體製造商，但技術水平已躋身領先行列。[6]

我們在2014年到訪時，格羅方德晶圓廠第二期工程正在進行，5000名建築工人日夜趕工。馬爾他廠址最終將建成四個晶

瓦特弗雷兵工廠（Watervliet Arsenal）軍械改裝部，建於1845年。圖像來源：Library of Congress, Prints & Photographs Division, HAER, Reproduction number: HAER NY, 1-WAVL, 1/14--10

圓廠，但第三及第四期工程進度取決於市場長勢如何、市區基建是否完善，以及客觀條件是否利於發展，畢竟稅務誘因（tax incentives）、能源供應等問題都至關重要。

格羅方德不僅表現亮眼，還將自己的供應商也吸引進來。諸如美國應用材料公司（Applied Materials）、東京電子（Tokyo Electron）和荷蘭艾司摩爾等，已先後加入奧巴尼智帶。盧索深信，隨著產量增長，這裡很快會形成一條完整的供應鏈。另一個例子是德國和奧地利合資的半導體供應上美施威爾（M+W Group）。這家公司以14億美元在紐約州興建高科技廠房，總部也從德州奧斯汀遷至哈德遜科技谷。

正如上文所見，有賴紐約州府、州立大學系統和皇牌企業IBM三方的推動，哈德遜科技谷在短短幾年已成為炙手可熱的智帶，並產生典型的智帶效應，一面帶動科技創新，一面也刺激整個地區的各行各業。探訪完畢後，我們到附近城市薩拉托加泉（Saratoga Springs）一家餐廳吃晚飯。那裡的服務生說，格羅方德的巨額投資為當地創造大量職位，市中心一帶也瞬間復甦。來自中國、歐洲、印度各地的員工讓這座美麗小城重拾活力，大街小巷、老舖新店都熱鬧起來。過去，薩拉托加泉以賽馬活動和夏季藝展而聞名，現在人們都知道，這裡是全球先進製造業的中心之一。

從壬色列出發，越過哈德遜河，就來到瓦特弗雷（Watervliet）。這裡是紐約州歷史名鎮，也是新創企業紛紛冒起的智帶小城。

從一開始，瓦特弗雷就是經典的鏽帶城市。19世紀，美國部隊在此設立兵工廠，生產重砲和彈藥，供應1812年美英戰爭和美國內戰。目前這裡仍是軍方主要研究機構本涅特研究所（Benét Laboratories）的所在地。

時至今日，瓦特弗雷又成為理想的創業起點，吸引了不少新創企業。這些企業大多應半導體革新浪潮而生，且與奈米學院素有淵源。先後進駐的20多個小型高科技企業中，有克里夫蘭聚合物技術公司（Cleveland Polymer Technologies），密封技術有限公司（Solid Sealing Technology），Vistec平版印刷技術公司（Vistec Lithography）等等。瓦特弗雷一帶已經變成高科技製造中心。

此行探訪奧巴尼一帶，讓人眼界大開，對智帶的瞭解也更深了。我們見識到蓬勃激盪的創新活動，也親見連接者如何施展高明手腕，從零開始建立智帶。此外，我們認識到，這些過程都要離不開實體環境，至少在奧巴尼一例確實如此。從「800磅大猩猩」的成果也可看出，單單一個研究計畫，就能像磁鐵一樣吸引人才，像催化劑一樣激發創新，整個研究地帶的路向也愈見廣闊。奧巴尼智帶正可以作為範例，供其他地區和產業參考。通用電氣總裁伊梅特選擇密西西比州一個無名小城貝茲維爾，作為新一代航空器引擎的產區，想必是有先見之明的。就我們所見，美國已悄然出現一種全新的製造形式，地點讓人意想不到，過程也令人非常驚喜。

德勒斯登：活化傳統

歐洲的情況是否也一樣？我們已經拜訪過恩荷芬，但還需要更多證明，才能確定鏽帶向智帶的轉化是否可見於全球各種各樣的社區。**這一次，我們來到德勒斯登。下飛機時，我們實在無法想像，這個風光如畫的東德薩克森邦首府，在1930年代竟是全球科學和工業中心，曾經出產世界上最精良而先進的汽車、飛機和鏡片。**

幾個世紀以來，德勒斯登也是文化重鎮。18世紀音樂大師巴哈就非常渴望住進德勒斯登大教堂，附近的萊比錫（Leipzig）卻讓他覺得乏味無趣，不願長留。現在全球工業變革再起，德勒斯登又一次爆發巨大能量，成為晶片及感應器產業的智帶城市，毫不遜於哈德遜科技谷。說古論今，德勒斯登都讓人驚艷。正如奧巴尼與恩荷芬，德勒斯登得以轉型，既是製造業陷入低迷、當權者苦謀出路的結果，也發自學術界和商界迫切求變的熱情與自我證明的願望。

今天的德勒斯登及其鄰近的薩克森邦一帶已是全球高科技中心。我們在奧巴尼參觀的第一家領先製造業公司格羅方德在此設有晶片生產部門[7]。這裡也是德國半導體公司英飛凌（Infineon）的基地之一[8]。一個合作無間的企業生態圈，就以這兩大企業為樞紐而形成，超過2000家高科技公司已加入其中，僱員人數約5萬1000人。

1946年，電車穿越前一年被聯軍空軍轟炸過後留下的德勒斯登廢墟。圖像來源：Getty Images/William Vandivert

這一切是如何發生的？我們將問題交給德勒斯登高科技跑道公司（HighTech Startbahn）的主席沃斯伯格女士（Bettina Vossberg）。高科技跑道公司是一個企業育成中心，所在的德勒斯登工業大學在國內同類學院中規模最大。沃斯伯格主席簡述了當地智帶的歷史，讓人深受啟發。據她所說，東德的薩克遜邦在二戰前已是國內最大工業和科研中心，區內有萊比錫、

德勒斯登聖誕市集，德國最老也最受歡迎的聖誕市集。
圖像來源：Getty Images/Matthias Hake

德勒斯登、耶拿（Jena）等知名城市。戰後，東德由共產政權管治，邦內企業大量撤離，轉投西德的巴瓦利亞（Bavaria）和巴登－符騰堡（Baden-Württemberg）。企業集體遷徙，導致薩克森工業衰落，卻在西德造就經濟奇跡。

此後幾十年，德勒斯登乃至整個薩克森陷入沉寂。1989年，柏林圍牆倒塌；1990年，信奉基督教的民主黨人比登科夫（Kurt Biedenkopf）當選德國總理，並兩次連任，任期達12年。比登科夫是一個關鍵的連接者，讓德勒斯登一帶回歸本源，以科技與工業為基礎重新出發。這位總理相信，德勒斯登將再次成為科技革新的主力城市。區內不少研究機構的設立，正是源於這番厚望，其中包括主攻基礎研究的馬克思普朗克學會（Max Planck Institute）[9]，擅長應用研究的夫朗和斐協會[10]，以及致力解決21世紀科學難題的萊布尼茲學院（Leibniz Institute）[11]。前東德時代存留下來的科學人才，目前仍從萊布尼茲學院獲得經費，推出國內最卓越的研究成果[12]。僅此幾例，已盡顯強大的智力能量。

當然，正如前文所見，光有大量的智慧還不足以形成智帶。薩克森還需要一個規模龐大、實力雄厚的企業。在東德共和國時期，位於德勒斯登的半導體產商微電子中心（Zentrum Mikroelektronik Dresden，簡稱ZMD）曾是行業支柱。但企業本身由軍隊掌管，並無市場定向。兩德統一之後，更失去所有資金，徹底破產，繼而拆分成兩家公司。其中一家目前仍在德勒斯登，專營汽車工業所需的類比－數位晶片（analog-digital chip）。另外一家併入第三方晶片生產商X-FAB。

德勒斯登復甦之後，就迎來了新時代的支柱企業。1994年，西門子的分拆公司英飛凌以30億歐元投資德勒斯登的大矽晶圓和智慧晶片產業，在當地興建生產設施和無塵室。英飛凌專注於軟體研發，以求生產出更具智慧的晶片和感應器，為汽車、信用卡和風車提供量身訂製的功能。英飛凌目前是全球汽車產業之首，市場占有額達四分之一。在汽車供應鏈方面，也與德國博世（Bosch）和日本電裝（Denso）勢均力敵，實力有目共睹。

我們在奧巴尼看到，關鍵企業落地生根之後，產業生態圈就會自然形成，重要的成員也會相繼駕臨。比如美國AMD超微半導體公司，苦苦協商多年之後，終於在1996年加入德勒斯登。發展成熟之後，便將生產部門售予阿布達比酋長國（Emirate of Abu Dhabi），繼而成為今天的格羅方德。目前，格羅方德在德勒斯登、新加坡和哈德遜科技谷的晶圓廠，正為各大科技公司供應晶片，包括AMD、博通（Broadcom）、高通和意法半導體（STMicroelectronics）。德勒斯登的晶圓廠更得到公司100億美元的注資，成為歐洲最大的晶片廠商。

我們參觀格羅方德的德勒斯登分廠時，還訪問了設計中心主任提格（Gerd Teege）。他向我們解釋，要生產出尺寸更大的矽晶圓，又要讓晶片愈來愈袖珍，其實要解決兩個問題：其一是矽材料、其二是光罩（photomask），光源要透過光罩才能將電路圖像蝕刻於矽晶圓。為此，格羅方德與日本凸版光罩公司（Toppan Photomasks，簡稱TPI）聯手，創立先進光罩技術中心（Advanced Mask Technology Center，簡稱AMTC）[13]。技術中心的研究人員負責技術研發，生產新型光罩，並與兩家母公司共享成果。AMTC技術中心的地點與格羅方德廠址只有咫尺之距。此外，德國矽晶片製造商世創電子材料公司（Siltronic）早已在德勒斯登西北方向的城市弗萊貝格（Freiberg）設有分廠，在美國俄勒岡州波特蘭市也有廠房[14]。2004年，世創又在薩克森邦弗萊赫市（Freiher）開設分廠，生產300毫米的大尺寸晶圓。時至今日，AMTC和世創都是德勒斯登智帶的主導企業，是當地創新生態圈的關鍵成員。

領頭企業既已順利發展，新創企業自然也應運而起。德勒斯登不少新創企業的創辦人，都曾任職於氣數已盡的ZMD微電子中心。例如專研無塵室空氣淨化技術的DAS公司[15]、以機械人技術融入晶片製程的HAP公司[16]，就是其中兩例。此外還有AIS軟體公司專門編寫物聯網所需的密碼程式[17]，DERU建築公司[18]專營無塵室的設計與建造。

薩克森矽谷：平衡之道

德勒斯登的創新生態圈穩定發展之際，一個有趣的現象出現了。智帶的形成，固然需要基礎扎實、規模宏大的企業來領銜，但也離不開小型企業的支持，講求大玩家和小成員之間的平衡。英飛凌和格羅方德進駐之後，不論規模或影響力都日益增長。有見於此，私營的小型企業明白必須聯手合作，才能與兩大巨頭形成某種制衡的關係。

既然要合作，就需要領袖，需要一位有辦法促成智力共享的連接者。最後，德勒斯登的企業家找到了曾就職於ZMD微電子中心的物理學家赫波德（Gitta Haupold）。赫波德1990年代初期從ZMD離任之後，一直致力培育新創企業。而在這時，她立刻進入狀況，知道必須成立一個組織，才能聯合新創企業，爭取共同利益。在1998年，她終於擔起重任，創立聯合組織，並借用英國《金融時報》（*Financial Times*）一個記者報導德勒斯登現象時的說法，將組織命名為「薩克森矽谷」（Silicon Saxony）。

今天的薩克森矽谷屬私營性質，擁有超過300個成員，每年預算高達80萬歐元。大部分經費來源於近八成的中小型成員企業，還有一些飯店和銀行的注資，年度會議也帶來一定收益。薩克森矽谷規模很小，比不上一般產業協會。但組織的形成有建立品牌之效，復興的薩克森地區所發生的智力共享亦首次得到命名。

赫波德相信，薩克森矽谷使智力共享更方便有效，認為「如今政界人士、科學家或企業家都知道怎樣能找到對方。」同時，她也承認，組織花了很長時間，才讓薩克森地區得到應有的關注，發揮應有的影響力。「直到現在，德國首都柏林和歐盟總部布魯塞爾依然聽不到我們的聲音。」[19] 為此，薩克森矽谷在2014年作出一項決定，動作雖小卻意義非凡。當年，英飛凌獲選為全歐研究計畫eRamp的領袖企業，計畫為期三年，耗資5500萬歐元，參與企業包括來自六個歐盟成員國的26個國家[20]。計畫旨在革新晶片和感應器技術，以求提高能源效率。人們都知道，美國矽谷是一個成功例子。這一個在地組織發起智力共享，形成自身品牌，繼而從地區、國家甚至國際平台吸引巨額注資。但人們卻不知道，這一種公私共融的體系，其實在歐洲早已出現，而且遠比美國發展得更完善。

目前而言，薩克森矽谷還需要加倍努力，才能爭取歐盟注資，扶助德勒斯登及其他地區的晶片製造產業。為此，薩克森矽谷已與另外三大歐洲智帶結盟，組成「歐洲矽谷」，其中包括荷蘭的恩荷芬、比利時的魯汶（Leuven），法國的格勒諾勃（Grenoble）以及奧地利的菲拉赫（Villach）[21]。

歐洲矽谷的形成，全賴薩克森矽谷董事總經理布森博格（Frank Bösenberg）的極力遊說。布森博格是土木工程師出身，2005年加入德勒斯登工業大學，成立經費申請部門，負責爭取歐盟的聯合資助。當時，基於統計數字，薩克森被歐盟列為「未開發地區」，得以申請「結構性基金」作為基建和研究之用。

於是，布森博格的部門一開始先全力爭取結構性基金，然後再逐漸尋求更多歐盟的資助來源，例如歐盟「展望2020」（Horizon 2020）計畫提供給歐洲國家的各種創新補助。布森博格主持的這個部門名為「歐洲計畫中心」（European Project Center，簡稱EPC）[22]，手下有40多人。有賴部門同仁的努力，德勒斯登工業大學獲第三方資助的研究計畫數目（最新數字為270）位列全國之首。後來，布森博格離開了大學，創立自己的顧問公司，協助中小型企業的經費申請。同時，他也兼任薩克森矽谷的職務，在歐盟協力提倡消融行業壁壘和國別界限，改善歐洲經濟的合作網絡。

德勒斯登擺脫了戰後的陰霾，大刀闊斧地革新求變，一躍成為今天的科技合作創新中心。然而，前路依然荊棘滿途。2008年，高科技跑道公司主席沃斯伯格女士剛剛搬到德勒斯登，就覺得這個城市猶如沉睡的美人，蘊藏著巨大能量卻尚未甦醒。她當時已在老家科隆的應用技術大學取得MBA學位，也曾在世界各地的德資跨國企業任職，正在思忖下一步該怎麼走。她細細觀察薩克森的狀況，覺得這個地方生活優越，基礎建設完善，文化活動也相當豐富，區內場館常有德國一線歌手和演員的演出。此外，薩克森的教育品質和研究亦達世界領先水平。

於是，沃斯伯格接受德勒斯登工業大學的聘請，負責開發當地育成中心項目。很快，她便看見薩克森地區的一些缺陷。首先，區內缺乏模範企業。有些企業雖然成功，但沒有積極擔起示範的重任，也無法幫助其他企業，其中一例就是三星在2013年以2億6000萬歐元收購的有機發光二極管廠商Novaled。此外，德勒斯登的跨國企業大多聽命於外地的總部。比如西門子和英飛凌的總部在慕尼黑，而格羅方德的公司政策都來自加州總公司。沃斯伯格一開始和西門子的人員打交道，已感到非常沮喪。她說：「那些人的回應很正面，會點頭認同，說起有什麼新發明可用於產品開發時，也顯得頗有興趣。」但提到投資德勒斯登的新創企業，一涉及到錢的問題，就不那麼好說話了[23]。

沃斯伯格認為，這些不是在德勒斯登才會遇到的障礙，而是德國文化的一種普遍特性。在德國，全年營收介乎5億至50億歐元之間的中小型家族企業有著非常傳統而封閉的管理文化，對智力共享沒有興趣。「他們的研發絕不外傳，」沃斯伯格如說，「也不會和新創企業合作，成立聯合研究計畫。」還有一個障礙在於，德國人抗拒冒險，視失敗為恥辱。然而，坦然接受失敗是以智力分享推進科技創新的必要條件，而失敗本身也是創新的必經過程。最後，沃斯伯格將這些障礙逐一攻破，產業的關鍵人物和機構也慢慢聽取了她的理念。她希望年輕一輩明白創業的種種可能，於是成立專為學生而設的新型企業培訓計畫，廣受讚譽。薩克森邦從中借鑒，設立名為「未來薩克森」（futureSAX）的創業計畫競賽，吸引人們注意本地新創企業[24]。參賽的企業要提交企劃案，初選之後還有講演展示環節，賽情精彩刺激。最具前景的企劃將勝出比賽，獲得薩克遜邦頒發的創業資助。

沃斯伯格的理念還促成了其他轉變。她開創「高科技企業時代」計畫（Hightech Venture Days），建立投資者與創業者的聯繫。計畫一方面從德國東部及其他歐洲國家找到新創和嶄露頭角的高科技企業，另一方面則聯絡在德勒斯登重要科技產業已積極注資的投資方，使兩者可以相互配對。目前，區內愈來愈多的創新成果已用於各大產業的產品開發、生產技術和產品服務，惠及的領域包括生命科學、環境和能源工程、汽車工業和物聯網發展等等。

與此同時，不少基於大學的創業項目也相繼成立，旨在培養學生和研究人員的創業興趣，提供起步支援，協助他們將理念付諸實踐，做好企業規劃。其中一例，就是「德勒斯登出路」（Dresden Exits），組織的使命是促進科研成果化為商品的知識轉移[25]。此外，德勒斯登的成功企業也逐漸認識到自己的楷模作用。持有幾家科技新公司的企業家斯格茨（Roland Scholz）創立了「德勒斯登原生族」（Sherpa Dresden）計畫，提供企業顧問和新創公司支援服務[26]。擔當此領航的重任，斯格茨可謂理想人選。他在德勒斯登土生土長，本職為軟體行業，也在幾家本地公司擔任董事，其中一家GK軟體公司已經在2007年首次公開上市。

沃斯伯格希望德勒斯登最終成為世界聞名的智帶。為此，她正努力解決創業基金的問題。她知道麻省理工每週舉辦企業家和融資人士一同參加的聚會。這個做法很有成效，讓她深受啟發，於是也嘗試在德勒斯登舉辦投資人聚會，目標是從每年一次慢慢增加至每月乃至每週一次。但是，這樣進取的計畫需要大筆資金，而在本地並無足夠資源。沃斯伯格把希望寄託在自己創立的「高科技跑道」身上，希望公司經過五年的發展，最後能為德勒斯登吸引豐足的創業基金，並能說服投資者長期支持區內產業。

沃斯伯格堅信德勒斯登能夠成為科技投資熱點，但也深知眼前仍有重大挑戰。畢竟，德國創業基金依然集中於首都柏林，而目前創業潮流是資金需求小而見效快的應用程式開發。相比之下，高精晶片的製造要複雜得多，投資額度和時長也更大。一個晶片企業，從醞釀成立到準備上市，可能需要多年時間，融資也大多會分成好幾階段進行。

但無論如何，德勒斯登在過去25年已經取得驚人進展。曾經的德國工業心臟，也許還未能重現昔日輝煌，卻迅速完成華麗變身，專攻最先進的晶片製造技術，迅速加入了世界頂尖智帶的行列。

恩荷芬：全球智慧之城

我們搭上火車，來到荷蘭的恩荷芬。從中央車站走出來，很難不注意到安東・飛利浦的雕像。飛利浦電子公司由他創立，又因他而得名。近百年來，荷蘭南部一帶的經濟、社會和文化領域，幾乎都由這個家族企業雄踞。直至1990年代，全球競爭激烈，飛利浦的製造部門大幅萎縮，裁員3萬5000人。當時恩荷芬人口僅約20萬，影響之深實難估量。同一時期，恩荷芬另一主要僱主、商用車輛廠商德富（DAF Truck）也深受重創。幾年之間，恩荷芬已陷入停頓。這就是舊工業城市的典型遭遇：雄厚的實力遇上全球化，轉眼間就被蝕空了。

一般的鏽帶城市，往往要經過幾十年的掙扎才能全面復甦。但恩荷芬沒有消沉太久，反而迅速成為今天的創新中心，不僅以開放、合作的科技研究著稱，還擁有世上最複雜綿長的價值鏈。這裡也是創立和拓展企業的理想地點，目前從世界各地引入的研究人員達1萬9000名。正因如此，恩荷芬不久前在美國世界政策研究組織「國際智慧城市論壇」榮獲「全球第一聰明地區」的名銜[27]。

回想當初，飛利浦和德富大幅削減本地生產，彷彿意味著恩荷芬將淪為鏽帶，永不翻身。之後，飛利浦將生產地點遷至亞洲，又彷彿某種蔓延已久的恐懼終於應驗，本地智慧果真在逐漸流失。然而，有過輝煌，總不甘沒落。**恩荷芬一度弱勢，卻從未離場。城市及周邊一帶早已培育豐富的人才資源，多年的工業活動亦為當地累積了深厚的機械知識。**

不久之後，恩荷芬開始甦醒。很多飛利浦和德富的員工一直都在深受保護、甚至隔絕的環境工作。世道一變，他們只能另覓出路，其中不少人選擇了創業。於是，恩荷芬彷彿突然冒出一大群企業家，智慧自然也不再流失。

飛利浦有一個運作多年的研究部門「物理實驗室」（NatLab）。在低潮期，公司許多製造設備已停工，這裡的工作仍然繼續。這是一間傳統的企業內部實驗室，一切都關乎專利，必須嚴格保密，不可外洩。然而，飛利浦在2002年將實驗室改名為「恩荷芬高科技園區」（Hight Tech Campus Eindhoven），開始向全球開放，一方面對外提供服務，另一方面也積極尋求合作機會，希望能找到更多亟需創新研究的企業和學術機構。

如今，恩荷芬高科技園區已取得傲人成就[28]。超過100家企業和機構已進駐園區，並在此進行至少部分的科研工作，當中包括全球領先企業IBM、瑞士ABB、艾司摩爾和飛利浦。高科技園區擁有超過8000名來自60個國家科研人員和工程師。除了科技巨頭公司之外，園內還有超過6000平方公尺的面積是專為新創及中小型企業而設。科研成果同樣令人眼前一亮。以2014年為例，全荷蘭的專利申請項目有超過一半是由高科技園區的研究人員提交的。

高科技園區全面開放，銳意創新，在2005年更曾踏出重大的一步。那一年，園區得到比利時與荷蘭政府資助，聯合兩家企業開設「霍斯特中心」（Holst Center），成立合作研究計畫[29]。合作夥伴分別是比利時盧汶的IMEC校際微電子中心[30]和荷蘭TNO應用科學研究所。霍斯特中心旨在開拓智力共享的平台，以大學的知識基礎解決企業的專業需求。重點合作領域有二：無線感應器技術（wireless sensor technologies）和柔性電子技術（flexible electronics）。霍斯特中心現有180名職員，包括35個博士生和40位常駐研究人員。中心每年預算4000萬歐元，其中過半來自企業。日後政府資助將逐漸減少，企業承擔的比重也會愈來愈大。

恩荷芬的霍斯特中心開創了一個不分高低的溝通空間，讓企業、研究人員和世界頂尖科學家得以碰面，這一點和奧巴尼奈米學院非常相似。在這裡，知識由所有參與者共享。當然，偶爾也有某一方會提出協議，要求擁有某一概念或創新形式的專屬權利。現在愈來愈多企業希望加入霍斯特中心，因為公司內部的生產革新永遠趕不上這裡的科研成果。如此一來，霍斯特中心已輻射出龐大的共享網絡，將各種各樣的機構連成一體，共同合作、創新和知識開發，不斷推出前所未有的技術和產品[31]。

從老牌企業飛利浦，至高科技園區，而至霍斯特中心，個中轉變當然不是憑空發生的。飛利浦物理實驗室轉型背後的推手是克萊特里（Gerard Kleisterlee）[32]。他在2001年出任飛利浦執行長，致力引入管理新思維，改變企業發展路向，從而應對老化、饑荒、健康和安全等全球社會轉變所致的種種挑戰。克萊特里固然明白，這些重大問題無法由飛利浦獨立應付，而要靠跨領域合作，集各家之大成，才能尋求對策。

霍斯特中心的建立，表明開放創新已成為飛利浦的企業信條，物理實驗室的定位亦隨之轉變，智力共享的第一步終於踏出。飛利浦有史以來首次敞開了研究的門戶，歡迎業內競爭對手加入，鼓勵成立聯合研究計畫。一些未來可能青出於藍的新創企業也受邀參與，成為飛利浦全球智力共享網絡的分子。為此，飛利浦投放了5億歐元資金，足以證明開放創新並不是表面的功夫，而是真切的轉變。

恩荷芬一帶的科研機構也逐漸接受了飛利浦的新理念。2002年，荷蘭IBM的前總裁倫特庫斯（Amandus Lundqvist）就任恩荷芬理工大學校長。他認同克萊特里的做法，極力推崇開放、合作的創新方式，全力支持大學院校與飛利浦高科技園區的聯合研究計畫。此外，他還聯繫德國亞亨工業大學（Technical University in Aachen）和比利時魯汶的高科技研究機構，加深合作關係。2003年出任恩荷芬市長的沙克司（Alexander Sakkers）同樣致力推進開放創新。他走訪地方機構、企業領袖和任何智力匯聚的中心地帶，告訴人們高科技園區是一顆「待琢的美鑽」，竭力爭取各方支持，多番宣傳之下亦甚有成效。

恩荷芬的飛利浦總部、工業大學和市政府齊心宣導開放創新的理念，智力共享的力量逐漸形成，也慢慢引來新的合作夥伴，其中關鍵的一員就是荷蘭半導體製造商艾司摩爾[33]。

艾司摩爾1980年代從飛利浦拆出，生產光刻設備，在區內一直表現出眾。正如前文所說，光微影技術是晶片製程的必需要素。現在，艾司摩爾已超越日本佳能和尼康，成為光微影市場的老大。

目前，為了不斷縮小晶片的規格，降低製程的成本，業內競爭已愈演愈烈。艾司摩爾深明，要研發新一代晶片製造機器，資金需求極其龐大，絕對無法獨力承擔，於是開始從自己的供應商入手，尋找合資的機會。公司董事之一溫德彬（Martin van den Brink）曾發布公開聲明，一再強調大型企業和供應商應尋求新的合作形式。他在一次訪談中解釋，「在這種新的合作形式中，供應商要承擔部分研究工作。」[34]

2000年，網絡泡沫爆破，引發經濟危機，生產商和供應商的智力共享卻有出乎意料的發展。當時，亞洲晶片製造設備的生產商一致削減研究經費，艾司摩爾卻膽識過人，逆水行舟，將更多資金投放於研究工作。這一險棋讓公司成功研發出新型機器，產出的晶圓規格從直徑200毫米大幅升至300毫米。正如我們所知，這無疑是晶片製造的關鍵進展，也是一次重大的科技突破。

直至今日，艾司摩爾仍在追求創新，繼續改良現有設備，希望以更合理的成本生產更強大而高效的晶片。終極的目標，就是製成450毫米晶圓，並成功研發超紫外光微影技術。

以上種種技術革新，不僅過程複雜，成本也非常高昂。有些資源和專才甚至不能由現有供應商網絡中找到。艾司摩爾必須繼續尋求合作夥伴，才能萬事俱備。為此，他們開始接觸英特爾、三星和台積電，爭取注資。現在，這三家世界領先晶片製造商已是艾司摩爾的最大客戶，五年共注資14億歐元，目前持有公司23%的股權，在董事會有一定的投票權。

艾司摩爾已擁有龐大資金來源，但目前的人才資源仍不足以滿足創新的需求，勢必帶來艱鉅挑戰。根據估計，公司未來需要1200位技術專家。然而，荷蘭本土甚至整個歐洲都沒有這麼多的人選。於是，艾司摩爾開展全球獵才，延展招聘網絡，最遠可至韓國高等科學技術學院（Korean Advanced Institute of Science and Technology，簡稱KAIST）。

從傳統供應鏈到價值鏈

艾司摩爾正不斷研發設備，改進晶片製造，飛利浦的重心亦逐漸從生產轉向研究和市場開發。此時，人們愈來愈清楚看到，若以目前的方式繼續開放創新和聯合研究，所需的企業支援將與以前大不一樣，供應商的角色也會完全不同，整個企業合作圖景都會發生改變。不久之後，恩荷芬的供應鏈將慢慢轉型為價值鏈。兩者有何區別呢？在傳統供應鏈中，生產商負責設計產品，詳細制定產品每一元件的規格，並確保供應商能以限定的時間和成本，製成合乎規格的元件。而在一條價值鏈中，供應商除了履行傳統職責之外，還要擔任生產商的研發夥伴，也會更早加入產品開發的過程。供應商的知識不僅用於產品設計，還有助制定最佳生產方案。換言之，這些供應商實等於合作夥伴，能夠在製造過程中不斷為產品增值。

從供應鏈到價值鏈的轉變堪稱一場科技革命，而荷蘭企業家戴斯特（Hans Duisters）既是見證人，也是幕後主腦。戴斯特是所謂「連續創業者」（serial entrepreneur），也就是一個不停提出新理念、開創新企業的厲害人物。他本身善於溝通，精於技術，大膽創新，也擁有宏大的理想，希望齊集最具競爭力的企業，組成一個密不可分的研發網絡，刷新「創新」一詞的定義。「這就是我的夢想：在恩荷芬，凝聚眾多企業家和科學家的力量，合作建立一門高科技產業，生產世界上最優質的高端設備，專供精密工程（precision engineering）使用。」[35]

目前，戴斯特已取得顯著進展，距離夢想愈來愈近了。1996年，他成立自己的第一家公司Sioux[36]。該公司屬跨領域性質，目前集技術軟體、機械電子、電子設計和工業數學的科研於一身，是當地供應鏈的重要組成。初成立時，該公司主要為兩大客戶生產元件。一個是當時仍在恩荷芬生產掃描儀和醫療儀器的飛利浦，另一個則是生產矽晶圓製程所需之高精度工業器械的艾司摩爾。公司最初的運作無異於傳統，先瞭解產品規格，繼而投標，最後在客戶監督下生產元件。

「之後，一種新的互動形成了。」戴斯特回憶道，「我們也開始動手做一點研發。」這一轉變，始於電子顯微鏡生產商FEI 主管人員法斯特諾（Rob Fasternau）與戴斯特的一次接洽。當時，FEI已與飛利浦合力開發了一種小型顯微鏡，但並未推出市場。原因在於，公司一貫服務專業研究人員為主的高端市場，但這款顯微鏡是為低端用戶而設，一旦開售，公司定位可能因此混淆。於是，Sioux找來恩荷芬另一機械電子公司NTS，與FEI形成合作關係，再拉入區內一些企業，繼續研發這款顯微鏡，最終成功生產並推出市場。然後，再度進行技術調整，生產改良版本，並為新款顯微鏡創立新公司Phenom-World，由FEI、Sioux和NTS共同持有。新公司負責顯微鏡的市場推廣和實際銷售，自2006年已屢創佳績[37]。

自此，Sioux就被視為創新先驅，不斷有新產品找上門來，尋求合作研發的機會。其中一個項目涉及科技的跨領域轉移，也就是從普通影印到3D立體列印的研發。傳統噴墨印表機在印刷媒介上逐層噴射墨水而形成圖像，因技術所限，噴射層數不超過15。後來，日本佳能的影印機生產商Océ開始思考，同樣的噴印原理，能否應用於逐層製作電腦的印刷電路板（Printed Circuit Board，簡稱PCB）或是智慧型手機的晶片？如果可行，就可以擺脫類比處理（analog process）那種30個步驟的傳統製程了。佳能Océ提出了這種3D立體列印的想法，但也沒有腦門一熱就匆匆投入研發，反而想試試市場反應再說。Sioux詢問過許多3D列印的潛在用家，他們無一不表現出濃厚的興趣，也很有誠意要參與其中，其中一家甚至提出，只要時機成熟，就會負責新產品的市場推廣工作。

市場調查可見，3D晶片列印的確大有可為。Sioux順勢研製出原型產品[38]，接下來五年不斷進行嚴格評估、測試和改良。在此期間，荷蘭南部省分布拉邦為新型產業所設的經濟發展局

恩荷芬市市長及智港恩荷芬基金會主席
范弈祖（Rob van Gijzel）
圖像來源：Hollandse Hoogte

（Brahantse Ontwikkelings Maatschappij，簡稱BOM）亦以公私合資的方式，一直為Sioux提供資助[39]。在3D列印過程中，每一小滴原材料都會影響成品，而佳能Océ發明了一種極其穩定的噴嘴，每100億滴材料中只有一滴會出錯。這聽起來非常厲害。然而，3D印表機每秒可輸出5000萬滴材料，也就是每20秒就可能有一滴錯誤。對於晶片生產而言，這是無法接受的。幸而還有一個名為Predict軟體程序，可以預見和糾正錯誤，避免印刷電路板上出現任何瑕疵，問題就迎刃而解了。當一切就緒，

Sioux與Océ科技公司聯手，與BOM正式建立合夥公司，名為MuTracx；2014年，公司的第一批3D印表機開始付運，品牌名稱是「Lunais」。

Sioux及其多家供應商證明，他們不僅能分別製造元件，還能成功產出全新產品，推出市場。「供應商」的內涵已生變化，遊戲規則也逐漸打破。**這是一個新型企業生態圈，裡面有大大小的公司和研究機構，共同承擔科技開發的高昂成本，合力應對高科技製造的複雜挑戰，而共存的方式只有一個，就是智力共享。**

戴斯特認為，艾司摩爾、飛利浦醫療、德富汽車、FEI和佳能Océ等全球大型企業將愈來愈專注於生產鏈的起始（技術研發、產品原型、概念認證）和終端（推廣與銷售）；成熟而專精的生產商則負責製造主要元件，例如德國鏡片技術公司蔡司為艾司摩爾提供必要組件；至於外觀設計、原型製作、結構調整等問題，涉及生產每一步驟，牽一發而動全身，可一併視為生產鏈的中段，這一過程由Sioux這類公司來主導協作。「就是這樣，」戴斯特說，「供應鏈進化成價值鏈了。」

創新社群的誕生：公會和基金會

在恩荷芬智帶，供應商的角色愈來愈重要，也逐漸形成一個共識：必須成立一種新式的聯合組織，才能有助智力共享，同時代表企業利益。智帶地區的中小型企業總會慢慢有此感悟，前文有關德勒斯登的狀況也一樣。於是，戴斯特找來另外幾位企業領袖，一起創辦同業支援組織「智港產業」（Brainport Industries）[40]，絕大多數的成員為恩荷芬區內企業，來自技術、市場策劃、人力管理等領域。智港產業的一大要務是促進成員企業與恩荷芬理工大學的合作關係。為此，組織會定期安排座談，舉辦會議，共同探討重大科技課題。

恩荷芬已成為智帶城市的典範，不僅自成體系，獨立運作，而且前景可觀，有足夠能力去影響整片地區，帶動關聯產業。有鑑及此，恩荷芬市長范弈祖（Rob van Gijzel）在2004年成立「智港恩荷芬基金會」（Brainport Eindhoven Foundation），並出任主席。基金會的宗旨有二，一是將恩荷芬智帶向外推廣，鼓勵人們前來探索，二是吸引更多志同道合的創新中心和歐洲資金來源，促成合作關係。

范弈祖告訴我們，他具有恩荷芬市長和基金會主席的雙重身分，平日也會有所發揮。在市內，他像企業家一樣工作，努力經營基金會內21個鄰近城市、高科技公司和大學院校成員的合作關係，促進智力共享。一旦走出城市，他就更像恩荷芬的推廣大使。他曾是國會議員，到了海牙（The Hague）中央政府自然游刃有餘。他也經常到歐盟所在地布魯塞爾，為恩荷芬一帶極力宣傳， 必要時也會歡迎歐盟注資，爭取創新經費。

就目前所見，智力共享大致限於地區層面，而且大多發生於發達經濟體。但這一趨勢未來勢必延及全球，影響世界上各種各樣的創新活動。

Sioux創辦人戴斯特預測，總有一天，美國矽谷、以色列、新加坡等地的科技巨頭會帶著自己正在研發的高端精密產品，來到恩荷芬，問問自己的創新理念能否在此產出實體，看看自己的設計如何能夠更臻完美，達致最佳的生產效果。

另一方面，戴斯特很清楚地區所面臨的挑戰和威脅，但目前的成績已讓他深感自豪，也對未來充滿信心。我們問起，他的工作動力從何而來？他指向矗立於中央車站外的飛利浦銅像，說：「如果有一天，人們也為我立一尊像，我將非常榮幸。」

第 3 章

舊戲新演

新材料研發的大逆轉

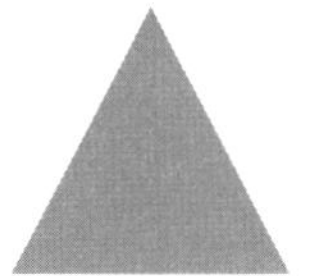

艾克朗大學校長蒲恩澤（Luis Proenza）。圖像來源：Beijing Forum, 2009

沒過多久，我們就學聰明了，我們知道智帶地區一定到處可見咖啡館、酒吧，也會有許多經過改裝的舊貨倉、未來感十足的實驗室，以及機器自動操作的晶圓廠。後來，我們來到俄亥俄州的艾克朗，首次深入美國鏽帶腹地，才發覺當地的體驗才算震撼至深。

抵達之後，我們來到翻新後的市中心鬧區，走入一家裝潢時尚的餐館，與艾克朗大學（University of Akron）的校長蒲恩澤（Luis Proenza）共進晚餐。這次面談是在2014年，不久後，

1945年艾克朗某輪胎廠的職員工作照。
圖像來源：Getty Images/Keystone-France

蒲恩澤就卸任，成為榮休校長了。那天他不是單刀赴會，身邊還有幾位資深顧問和同事。就文化背景而言，這個組合又一次顛覆了我們對鏽帶的古板印象。我們以為席間列坐的會是俄亥俄土生土長的菁英，卻萬萬沒想到盡地主之誼的人竟來自美國、墨西哥、希臘、印度等地。坦白說，當時我們自以為對智帶浪潮已頗有心得，甚至自詡為專家，覺得和他們吃個飯聊聊就好。結果咧？蒲恩澤的團隊居然有備而來，精心整理出大量文件和數據。對於我們已到訪的智帶地區，他們早已瞭如指掌，不然就是在研究當中。毋庸贅言，一頓飯下來，我們獲益匪淺。

我們也是在艾克朗才真正領略到，睡美人要甦醒，背後需要怎樣的情感投入和社會動因。蒲恩澤在席上細細講述，艾克朗如何從工業重鎮淪為廢都鬼城，後來又怎樣強勢回歸，重拾榮光。艾克朗曾是美國工業先驅，比鄰紐約市和墨西哥，憑此優越位置，過去一直是底特律汽車工業供應鏈的關鍵一環，也是本土製造商品的運輸樞紐，意義非凡。同時，艾克朗也是凡世通（Firestone）、固特異（Goodyear）和普利司通（Bridgestone）等全球輪胎巨頭的所在地。此外，桂格燕麥（Quaker Oats）在此建有大量筒倉，倉存在州內穀物存量中占重大比例，艾克朗亦因此成為區內穀物鐵路運輸的中心。

俄亥俄州艾克朗一帶就與前文出現過的智帶一樣，真正的轉變發生在20世紀下半葉。當時，本地的輪胎公司雄踞良久，逐漸變得固步自封，不問世事，渾然不覺境外競爭已日趨激烈，也沒有嘗試利用自動化來降低成本。一覺醒來，威脅已迫在眉睫，一切都太遲了。供應鏈差不多都遷至海外，多數落戶在墨西哥和中國。千禧年將至，艾克朗已深受重創，輪胎工廠棄而不用，桂格筒倉形同虛設，貨運火車也不在這裡停站了。

接下來好些年，艾克朗都在勉力掙扎。據蒲恩澤透露，當時不缺發展資金，只是市場沒有什麼動力去利用資源。「幾乎沒人願意冒險。」他說，「人們一蹶不振，還記著失敗的創傷。」[1] 不過，正如我們在德勒斯登所見，艾克朗和揚斯敦當地也有大量頭腦聰明、技術高超的人才。當中有不少眼見別無選擇，都願意放手一搏，開始自立門戶。不少新公司的立身之本，都是早年橡膠和鋼鐵產業所積累的專業技術。

就是這樣，俄亥俄州東北一帶漸漸復甦了，最初如履薄冰，繼而闊步邁進。今天，這片智帶已躋身美國工業市場五強，擁有上萬家製造公司（四分之一為出口商），僱員人數達

艾克朗大學高分子中心。圖像來源：Kevin Quinn

390萬。一切運作順暢，前景向好，蒲恩澤自然功不可沒。但歸根結柢，讓艾克朗免於一死的真正原因，是產業、教育機構和政府組織之間的智力共享，以及地區對一項寶貴專業技術的發掘和利用。這項技術就是聚合物科學（Polymer Science）。

大家或許記得，奧巴尼奈米科技的進展曾帶動半導體技術的研發，表明單一領域的精深科研，足可闢出廣闊的研究路向。同樣道理，艾克朗的高分子研究亦逐漸拓寬，打開新材料研究的新天地。所謂新材料，其實涉及多種分子結構，形態包括纖維、複合物、塗層、粉劑、液體、膜料、晶體和塑膠等等。這些新型合成材料能讓產品發生根本蛻變，應用範圍亦更見寬廣，不論是油漆顏料、醫療儀器還是航天組件，都將受惠於此。新型材料的發明，也與多項最新研究成果和製造技術相輔相成，其中3D列印技術是至為關鍵的一項。

在這一章，我們將探訪四個智帶，各自的材料研發都有不同的故事。艾克朗是美國高分子中心，尤專於產能系統、醫療器械、鋼鐵防蝕塗層的材料研究。北卡羅萊納州三角研究園的材料研究與生命科學（本書所述三大研究領域之一）的發展緊密結合。這裡的新材料研發主要服務於精密紡織、能源效益優化和奈米醫學。也就是說，日後疫病防治所需的疫苗和藥物都可透過先進技術來合成。瑞典南部的隆德－馬爾默地區本來以移動電訊商愛立信為中心，後來公司陷入停頓，地區迫於形勢而轉入材料研發。這一帶的發展軌跡又不同於本章其他智帶。

這裡的創新活動聚焦於一項設備的研發—— Max IV 粒子加速器。這個加速器是瑞典規模最大、最具野心的科研計畫。一旦完成，人們可用前所未有的方法，研究物質、氣體、表面乃至生物物質的內在性質與相互反應。此外，我們還到訪堪稱「歐洲艾克朗」的荷蘭東部地區。在高分子聚合物市場，荷蘭之於歐洲，有如俄亥俄州之於美國。艾克朗以多年橡膠輪胎的製造技術和歷史為基礎，荷蘭的新材料研究則仰賴戰後以來殼牌、阿克蘇（Akzo）、帝斯曼（DSM）和陶氏化學（Dow Chemical）等企業多年從事航天和化學科研的豐富經驗。

很快，人們便會發現，智慧新材料在日常生活已是無處不在。不論是身上穿的衣褲鞋襪，搭乘的汽車和飛機，或是關節置換、器官移植手術，甚至是藝術創作，一切都會改變。變化之源正是發生在這些橡膠和鋼鐵重鎮的智力共享。

俄亥俄東北智帶：
艾克朗高分子谷的誕生

俄亥俄東北一帶是鏽帶轉型為智帶的典型。這番轉變的最顯著標誌，就是位於艾克朗市中心的桂格燕麥大廈。多年以來，這家蓬勃發展的企業，就是在這幢由成群巨大筒倉圍成的公司大樓裡面儲存燕麥，藉著鐵路運銷全國。直到1970年代，公司遷出，倉庫日久失修，後來被發展商改建為飯店。我們來訪時，正是在這家飯店留宿。離開後不久，飯店又改建為艾克朗大學的學生宿舍。這幢建築一直矗立在原地，記錄著過去、也預示著未來。現在，桂格燕麥大廈裡已進駐多家庭商舖、餐廳、公寓和辦公室，充滿市區生活的喧鬧熙攘。

艾克朗和奧巴尼一樣，是一個要靠大學來喚醒的睡美人。但說到大學職能的設想，蒲恩澤的眼界又比卡路爾諾更寬闊一些。紐大理工奈米學院比較專注於自身的研發工作，艾克朗大學則有些不同。蒲恩澤在1999年加入艾克朗大學時，早已揚言學校將發展成一股強大力量，促成地區轉型。他分秒必爭，撰寫了題為〈艾克朗模式：大學如何拉動經濟增長〉的計畫案。[2]文中提出，大學不應是象牙塔，而應是一個徹底開放的知識寶庫，一座連接公眾與私營機構的橋梁；同時，大學有責任、也有能力帶動地區經濟發展。當時，艾克朗大學已有充分條件發揮以上職能，在材料研究領域更是得天獨厚，其高分子研究一直遙遙領先，校內科學家和工程學家數以千人計，其中不少曾在大型輪胎公司的實驗室工作。這些企業實驗室裡高手如雲，專業知識也深不可測，所以企業廠房外遷時也沒有關門大吉。蒲恩澤也非常清楚，艾克朗地區已具有雄厚的知識基礎，且大多關乎輪胎製造的橡膠、合成物、鋼鐵等材料；當務之急，就是要喚醒這些知識技能，為之另覓出路，用於設計21世紀所需的商品，然後推上市場。

今天，艾克朗大學的工程學院和高分子科技及工程學院共有120位教授，超過700位碩士、博士研究生和博士後研究員，擁有全美規模最大的高分子研究課程，其高分子專家團隊在全球也舉足輕重。目前，兩所學院的研究人員正在鑽研高溫陶瓷、複合物、新合金等先進材料，醞釀著自動化、航天航空和國防產業的重大轉變。

蒲恩澤認為，「艾克朗模式」乃以大學為中心，這不意味著大學不必發起或主宰一切；大學要做的是開展一些科研計畫，從而產生輻射效應，帶動校外的研究活動，引領大家堅持不懈地追求知識。2008年成立的奧斯汀生物創新研究所（Austen BioInnovation Institute）正是其中一例。這家研究所由艾克朗大學、艾克朗兒童醫院（Akron Children's Hospital）、第一能源（First Energy）、騎士基金會（Knight's Foundation）和薩瑪保健系統（Summa Health System）協力創辦，旨在「匯聚最具卓識與創見之士」，聯合「企業精神、科學創新，引發驚人效應」，從而解決種種保健議題。[3]

奧斯汀生物創新研究所的主要研究方向之一是先進高分子材料，對於醫療儀器開發和生物醫學均有深遠意義。那邊的人都是些實驗室怪傑，有的鑽研發光顏料，有的發明自癒塗層，有的在研究可隨佩戴者胰島素值而變色的隱形眼鏡。

此外，蒲恩澤也不認為所謂的「大學為中心」僅指艾克朗大學本身。距離艾克朗不遠的肯特州立大學（Kent State

University）也有自己的高分子研究項目，轄下的布朗液晶研究所（Glenn H. Brown Liquid Crystal Institue）是液晶顯示技術的誕生地，亦因發明者而得名。眾所可見，液晶顯示已是無處不在，也愈來愈廣泛用於先進材料和感應器的研發。俄亥俄州立大學（Ohio State University）位於艾克朗以西242公里的哥倫布（Columbus），專注研究高分子聚合物與奈米科技的融合。[4] 該校的萊特光電創新中心（Wright Center for Photovoltaics）已使六間院校、逾60家企業達成合作關係，致力創辦新創企業，成員包括固特異、通用電氣、波音（Boeing）、杜邦（DuPont）、巴特爾（Batelle）和本田（Honda）。[5]

上述研究逐漸衍生出全新的知識。此時，蒲恩澤又看出「大學為中心」的模式的另一必需要素：學術界與商界的連接。研究人員當然有能力在材料研究中有所突破，並與企業夥伴公開分享知識。但如果他們只能看著科研成果轉化熱賣商品，自己卻得不到實質回報，那麼他們一開始就不會願意合作。過去學者從商，總感覺有辱斯文，怕玷汙雙手。蒲恩澤的發想無疑是給上一世代的一記耳光。接下來，他便著手成立獨立研究基金會，透過機制確保州立大學的教授可從自己的發明中獲得經濟收益。

艾克朗模式的推行，也離不開州立政府的助力。2002年，州長塔弗特（Bob Taft）成立俄亥俄「第三邊界」計畫（Third Frontier），致力「創造以科技主導的產品、企業、產業和職位。」[6]該計畫資金額度高達21億美元，規模為全美同類計畫之冠。2010年，計畫再經重整，既為州內科技公司提供資金，也協助他們與大學和非營利研究機構建立合作關係。

在「第三邊界」的資助下，艾克朗大學的兩位教授哈里斯（Frank Harris）和程正迪（Stephen Cheng）成立了「艾克朗高分子系統」（Akron Polymer Systems）。他們從艾克朗高分子領域的菁英中網羅了12名博士和多位科學家，致力開發可彎曲液晶螢幕所需要的特殊膜料，應用於太陽電池、醫療儀器和航太機械。目前，相關研究成果已獲認證，過去幾年銷售額已達10億美元。[7]

有賴蒲恩澤的遠見、研究計畫的活力、經濟回報的承諾以及政府的支持，輪胎製造產業大勢雖去，卻催生出新一代專門從事材料研究的新創企業。艾克朗高分子系統是其中一例。除此之外，艾克朗表面處理技術公司（Akron Surface Technologies）也值得一提。這家新創企業由市值50億美元的製造商鐵姆肯（Timken）和艾克朗大學合作創辦[8]。為此，鐵姆肯將部分實驗室遷至大學校園，以便進行有關防蝕、感應器和塗層的合作研究。在這一合作關係中，既有知識的開放共享，也有專利的研究。現在鐵姆肯仍保有某些知識的商業權利，可決定知識只用於某些應用層面（例如軸承）；生物醫學、航天航空等層面的應用則完全自由。

在艾克朗，活躍於商界的還不止是新創企業和大型輪胎公司保留至今的實驗室。當地一些歷史悠久、頗具威望的大型企業也逐漸發覺，艾克朗模式或許對自己有幫助，其中就有本土企業舒爾曼（A. Schulman）。舒爾曼是高品質特殊塑膠製造商，分廠遍布墨西哥、亞洲、歐洲等地，但新廠房的選址卻在艾克朗，看中的正是「大學為中心」的環境。企業主席兼執行長金戈（Joseph M. Gingo）說，這像是「全球頂尖高分子研究機構就在自家後園」，價值是不可估量的。公司還為艾克朗大學學生提供實習機會，不少研究生也獲聘任職於艾克朗乃至其分布於全球的研究基地。[9]

艾克朗大學工程學院的兩位教授哈利托（George Haritos）和馬翰真（Ajay Mahajan）也告訴我們，現在俄亥俄州的大小企業對於智力共享都非常投入，合作網絡也愈鋪愈廣。他們相互傳授知識，目前正在學習如何衡量和控制汙染，如何利用感應器開發潔淨能源，以及如何用高分子聚合物製造燃料電池。

上文提到，艾克朗的智力共享也惠及鋼鐵產業。目前，高分子領域的專業知識已用於發明新型防蝕塗層。有賴這項成果，州內鋼鐵製造商可進而研發高性能、抗鏽蝕的新一代高鋼鐵，令未來的軸承更耐損耗。有分析指出，很少人注意到軸承損耗的問題，殊不知這每年要以國內生產毛額的1%來負擔。[10]

我們在鐵姆肯還訪問了當時的技術及營運長斯汀森（Tom Stimson）。斯汀森一直滿腔熱忱，相信協力創新和智力共享是必經之路。他告訴我們，公司與艾克朗大學研究人員合辦了一個聯合研究機構，名為鐵姆肯表面工程實驗室（Timken Engineered Surfaces Laboratories），目標是研發出特殊高分子塗層，使軸承的抗損防蝕能力提高40%。該聯合機構經過18個月的協商才得以建立，不少對話還相當嚴苛，為的就是妥善解決一切智慧產權的問題。儘管過程不易，最後卻達成理想方案，足可為未來全國的知識分享作一示範。

防蝕塗層的研究並不起眼，但艾克朗完成的科技突破卻意義重大，不僅影響汽車工業，也轉變著全球各大產業。高分子塗層的應用十分廣泛，小至髮型噴霧、唇膏等個人護理產品，大至手術儀器的抗菌表面，都大有用場。前文所述艾克朗大學的獨立研究基金，已開始從早期研究投入中獲得巨額收益。人造覆膜公司波士頓科學（Boston Scientifics）曾出價5000萬美元，向大學購買塗層技術的使用權限；美國國防部同樣深表興趣，甚至出資贊助學校成立研究計畫，繼續進行防蝕塗層的精深研發。

俄亥俄智帶的未來：如何發揮獨特創新潛力？

揚斯敦企業育成中心（Youngstown Business Incubator）營運長于英（Barbara Ewing）說：「俄亥俄州仍有製造活動。」據她分享，本地企業當中，有些不能棄舊納新而落後於人，有些已適應良好，找到了智慧方案，也摸索到全新的成功路徑。「人們現在又樂觀起來了，」她說，「那種比不過中國人的情緒已消失了。」[11]這無疑與我們在華人地區聽到的說法相符，也再度印證我們在智帶之旅一路以來的觀察。在奧巴尼，奈米學院和格羅方德已證明半導體研究和生產的優勢不由亞洲獨占；在北卡羅萊納州，像科銳（Cree Inc.）那樣的公司也充滿自信，認為發光二極體（LED）的不斷創新，足以預示照明產業的未來不由中國引領；通用電氣、蘋果和開拓重工等大型企業也開始將營運部門遷回本土。

自蒲恩澤將設想具化成艾克朗模式之後，當地的創新試驗已度過精彩絕倫的15年。若論成就，現在的俄亥俄州已是美國高分子聚合物研發中心，高分子及橡膠製品產量居全美之冠，塑料製品居全美第二，高分子製造業已成為州內領頭產業。[12]在全球高分子及特用化工產業，俄亥俄州也領先全美，州內共有約1300家相關企業，僱員人數多達8萬8000人。

艾克朗有不少過人的優勢：整個城市都非常警覺，知道一個工業地區的輝煌未必持久，一眨眼間外來威脅就會迫近眼前；同樣重要的是，不論大學行政還是政府管治的高層都明白，依靠智力共享就可以解除威脅，徹底改造整個地區。往日的世界輪胎之都，曾經自覺地位超然、刀槍不入，這種心態大概不會再有，而這也是一件好事，畢竟目前全球競爭實在是空前激烈。另一方面，艾克朗的人們也擺脫了那種自我懷疑、畏懼風險的弱點，源於汽車泡沫爆破的負面氣氛一掃而空。蒲恩澤告訴我們，目前艾克朗的小型企業僱用的員工數目，已經超過大型輪胎公司全盛時期的僱員人數。

如此看來，這一切不僅僅是甦醒，而是重生。

NRT：沒落的先驅如何化身智帶，轉敗為勝？

我們的航班已飛進北卡羅萊納州（下文簡稱「北卡」），快將到達羅里－德罕國際機場。機艙外是一片廣闊松林，自然風光撲眼而來。然而，此時更引人注目的是機場附近的建築，尤其是那些現代風格的航廈，高聳入雲，在陽光下熠熠生輝。從這裡開始，我們進入又一個依靠知識創新而走出困境的智帶地區。

過去半個世紀，依山傍海的北卡經歷了一場蛻變。這裡的故事與我們探訪的智帶固然有所相似，但也有其獨特之處。1950年代，北卡是全美第三貧窮的州，主要以農業為支柱，也是一個偏遠的鏽帶。位於美國中西部市區的鏽帶多依賴鋼鐵、汽車和其他重工業，這裡則以紡織、菸草、家具製造為主。當時，北方一些支撐國家經濟的州已陷入危機，北卡的支柱產業也開始震盪。州政府和商業人士明白，如果沒有新的創造收入管道，本地經濟將無以為繼。時任北卡羅萊納大學化學系教授的李圖（William Little）曾說：「那時簡直是一潭死水。」[13]

當年，李圖等人提出一個驚人的新想法：在州內成立全美第一個綜合而全面的科學園。根據設想，科學園以本地三所大學的優勢領域為基礎，即杜克大學的醫療研究、北卡羅萊納大學的教育研究和北卡羅萊納州立大學的材料和農業科學。三所大學分別位於德罕（Durham）、教堂山和羅里（Raleigh），可連成一個研究社群，配合以科學為基礎的地區經濟。李圖指出，**科學園的用意並非「拋棄傳統產業」，而是要激發多樣化的經濟**。

最終成立的三角研究園可謂一項歷史壯舉，不僅需要合三所大學之力，還要來自本地和國內的歷任州長、州府官員、大銀行家、各大企業、世襲富豪投資者和地產開發商一同協作。目前位於德罕的7000公頃園區亦非一日建成。三角研究園委員會首任主席、號稱園區「大腦」的西普森（George Simpson）說，「最初就像在玩吹牛遊戲，以小搏大。」當時西普森及其同伴手上只有一本宣傳手冊，封面印有三所大學教學樓的照片，營造出常春藤盟校的感覺。一行人就這樣跑了200多家公司，希望爭取企業支持，鼓勵他們加入研究園。[14]

三角研究園經過長達十年的努力，才有今天這樣人才濟濟的格局。愈來愈多的企業和機構入駐園區，研究園的名堂也愈來愈響亮，開始引起美國企業龍頭的關注。1965年，一個重大的轉捩點出現了：IBM決定在三角研究園建立工廠，生產最新型號的大型電腦System/360。在此之前，綽號「大藍」（Big

Blue）的IBM早已四處尋找最佳廠址，選址要求極為嚴苛，必須鄰近優質大學，地區生活品質要高，政商學合作關係要好，勞動力要有工業背景、但不能有工會組織。三角研究園完全符合上述條件，讓IBM立刻拍板投資。System/360推出之後，業績一飛沖天，北卡的廠房功不可沒。《財富》（*Fortune*）雜誌曾形容IBM在當地設廠是一場「50億美元的賭博」，事實證明投資已回本有餘。[15]誠然，冒險無異於賭博，但IBM正是看到了三角研究園的潛力，才有此明智決策。幾十年後，通用電氣將新型飛機廠址定在貝茲維爾，也是出於相似的考慮。

IBM踏入三角研究院的這一步，不僅使其電腦系統大獲全勝，還有更深遠的影響。由此開始，智力共享就成為可見的未來，曾經各自為營的企業、政府、學術研究機構找到了新的合作方式，而「研究園」的概念也在美國正式成立了。

研究密集帶與智帶生態圈的本質區別

時至今日，羅里－德罕地區的創新活動已不止侷限於三角研究園。在1950和1960年代，研究院憑其郊外風光、幽山綠林和僻靜環境，吸納了不少聰明絕頂的人才。但今天的年輕科學家要的不是這些。就我們所見，他們更偏好於熱鬧活潑的城市生活，喜歡自由開放的工作空間，也需要那些來去自如的咖啡

2003年的美國菸草園區。在2004年，園區耗資2億美元翻新。
圖像來源：Ben Casey, 2003

館和餐廳。這種環境之下，他們能夠輕鬆對談，碰撞創意，更能以開放、合作的態度來實現創新。

此外，羅里－德罕地區也有些耐人尋味的特點。不知怎的，附近一帶陸續冒起好些智力分享的圈子，在羅里有世紀校區（Centennial Campus），德罕則有零星的幾處研究熱區。2010年，三角研究園幾公里之外的好彩香菸廠房突然舊址活化，發展出美國菸草園區（American Tobacco Campus），面積達500公頃。香菸公司稱這一計畫為北卡「保育和重建歷史遺跡，雄心

翻新之後的美國菸草園區。圖像來源：American Tobacco

之壯、規模之大、影響之深都堪稱是史上空前。」[16] 杜克大學校長柏赫德（Richard Brodhead）認為，「這就是當下的發展方向。」[17]

創新活動的方向和文化顯然已發生轉變，三角研究園的學術高層也非常敏銳，開始努力改進園內環境，希望能與附近的研究熱點形成更緊密聯繫，從而相互增益。三角研究園中許多企業都投資材料研究。在我們面談過的人當中，就有科銳執行長索伯達（Chuck Swoboda）。這個精瘦矍鑠、滿腔熱忱的企業領袖目前正在製造半導體專用的LED物料。他在1993年公司上市時就任執行長，現在每天在公司總部上班，走幾步就能到達廠房和研發部門。索伯達說，新知識是科銳的命脈，所以公司才會坐落於精於先進材料研發的北卡，這裡的科研成果對LED的製造尤其關鍵。[18]

科銳過去多年不斷發展，全因公司最初將第一束LED雷射藍光帶給了世人。那時許多研究人員都認為利用LED來照明簡直是瘋了。但你也知道，許多產品開發的故事總有這樣或那樣誤打誤撞的機緣巧合。有一日，福斯集團（Volkswagen）執行長皮雅赫（Ferdinand Piëch）的夫人烏蘇拉（Ursula Piëch）忽然瞥見這種藍光，立刻被吸引。很快，福斯新款Beetle金龜車的儀錶盤就全部以藍光來顯示。

從上述幾例可見，北卡地區的企業基礎固然扎實，但最終能進化為智帶，確實有賴三所本地大學及更多教育機構的參與合作。

北卡羅萊納州立大學也是合作院校之一。該校擁有全美第四大的工程學院[19]，以及國內數一數二的紡織課程。紡織品恐怕是世上最古老卻也最具備未來色彩的材料。曾經有段時間，紡織廠商紛紛撤離北卡地區，當地大部分院校隨之取消紡織學科，而北卡州立大學還保留至今。世紀校區現在也有北卡州立大學工程學院和管理學院合辦的創業計畫，因而能集大學校園、工業園區、研究中心和企業育成中心多功能於一身，活像一個進化版的三角研究園，時刻走在潮流尖端。

現在，美國不少大學院校、新創企業和研究型公司聯手合作，甚至就近設址，組成實體生態圈。這些計畫多由史丹佛、麻省理工等知名學府帶領，而世紀校區卻是第一個由州立大學發起的創新計畫。北卡州立大學校長伍德森（Randy Woodson）告訴我們，校區內企業已有64家之多。「人們在此可以真正地生活、學習、玩樂。學生一大早去上課，到世界一流的圖書館裡研習，下午去實習，畢業後甚至不用走出校園，就可以找到工作。」[20]

世紀校區不僅有多家企業加盟，還醞釀了不少新創企業，研發方向也專於材料科學。例如網路企業Spoonflower.com就誕生於校內一幢學生宿舍。這個宿舍外號「車房」，顯然是對上一代美國企業家鍾愛的創新起點致敬。Spoonflower.com以當地傳統產業之一的紡織業為基礎。善用地區優勢產業，是許多智帶企業的相似點，也是我們在採訪中一再見證的趨勢。現在，這家企業專門生產顧客親自設計的壁紙、織品和包裝紙品。

除此之外，我們還發現專於材料研發的智帶的一些特別之處。例如，位於世紀校區的非織造學院（Nonwovens Institute），目前全力開發一些讓人驚豔的先進新材料。他們的出品往往都有些獨特性能，有些能抗菌，有些能隔熱，有些能過濾紫外線，有些能阻隔化學物質、甚至軍用化學武器。從紙尿褲到防護衣，大大小小物品都會因這些新型物料而改變。不

三角研究園主席及執行長喬拉斯（Bob Geolas）
圖像來源：Research Triangle Park

論是Hanes之類的大型服飾品牌，還是部隊組織，對此也都深感興趣。非織造學院的成果驚人，享譽全球，更引來優質合作夥伴。總部位於德國斯圖加特的曼胡默爾（Mann+Hummel，也稱「曼牌」）已於2013年將其研發中心遷至世紀校區，以便研發最新的過濾科技。

企業在世紀校區能享受到種種方便，既有智力共享的環境，又有充足的研究資源，還有各種餐廳可供選擇。此外，還有一個好處。世紀校區的研究基金目前有四分之一來自企業，而美國各大研究型大學平均只有5%的研究基金由企業資助。正因如此，世紀校區的投資方更容易從而資助的研究計畫中獲得創新成果的使用權。北卡州府希望進一步促成研究成果向商品的轉化，於是為此制定統一合約藍本。[21]如此一來，希望使用研究成果的企業就無須逐次為合作計畫訂立新合約。統一合約規定，這些企業享有將創新成果轉化為商品的全部權利；但一旦創新成果的智慧產權價值超過2000萬美元的上限，企業必須支付大學一筆費用。統一合約有助省卻手續、節約時間，所涉合作關係也能保持一致，自然也能讓研究成果更迅速轉化為可供銷售的技術和商品。

時至今日，羅里－德罕一帶擁有世紀校區和頂尖的製造設備，與全國各大教育機構亦形成聯繫，還有好彩香菸那樣舊址新用的企業。整個地區的發展已趨全面而成熟，起步最早的三角研究園也隨之開始改進。三角研究園主席喬拉斯認為，未來創新的希望，就在園內五家企業育成中心孕育的80家初創和起步企業身上。這些企業中，有超過40%的員工人數不到十人；部分企業都體現出規模小、製造成本低等顯著特點。據IBM製造部門前負責人多赫蒂（Dick Daugherty）形容，這些年輕公司人數極少，只會按需限量生產，出品的零部件品質極高，堪稱一種「本地手工製造」。

總括而言，三角研究園已不滿足於舊器新用，活化傳統製造業的遺產；他們還想再向前邁進，開創全新的合作模式，使學術界、環球商業、奈米企業、政府部門和社區工程合為一體，讓這片群山環繞的綠地變成全球聞名的智帶。「我們必須合作無間，憑著真才實學，做獨一無二、激勵人心的事。」喬拉斯如是說，「如果我們想保持活力，繼續吸引創意迸發的年輕頭腦，就必須做到上述幾點。」正如我們所見，羅里－德罕一帶的確能繼續善用多年累積下來的知識基礎，為未來世界開發更多應用產品，在材料研發方面更是一馬當先。

隆德和馬爾默：
材料研究與頂尖儀器的完美配合

鏽帶向智帶的轉化，總離不開一個循循善誘的連接者。美國的艾克朗有蒲恩澤，瑞典的隆德和馬爾默就有賀赫爾（Nils Hörjel）。1980年代初期，瑞典經濟重挫。當時在瑞典南部任郡長的賀赫爾相信，本地造船等重工業已沒落，地區勢將淪為鏽帶。

此時，政府各部首長正齊集於首府斯德哥爾摩，希望以傳統的凱因斯經濟學理論，透過政策干預來應付全國經濟危機。賀赫爾卻另有見解，認為自己管轄的城市未來應採用另一種發展策略。在他的設想中，地區經濟結構有兩大支柱：其一是電腦和電子工業，其二是化學和生物技術產業。兩大領域都是隆德大學的研究焦點。

1961年瑞典馬爾默考庫姆造船廠（Kockums Shipyard），工人正在修建一艘油輪。圖像來源：Getty Images/Winfield Parks

賀赫爾認為，第一步要先建立一個科學園，讓以營利為目的公司企業與非營利性質的大學能夠攜手合作；科學園鼓勵任何研究和商業的創新嘗試，並給予資助，逐漸在區內培育出新一代以知識為基礎的大型產業。賀赫爾身為郡長，大可善用職權，集合商學兩界人才的優勢。賀赫爾從前的同事曾形容，他是一個另類的政治家[23]，既擁有公務員和企業家的雙重身分，也是瑞典幾家大型企業的董事會成員，當中包括電訊龍頭愛立信。所以，賀赫爾早已擁有廣大人脈，合作網絡遍布公立部門和私營機構，擔當連接者自然游刃有餘。

一開始，賀赫爾先為科學園選址。他心儀的地點臨近大學校區，地段也方便私營企業往來。可惜的是，依照城市規劃，那一帶是住宅區。於是他與隆德當地政府溝通協商，修改規劃藍圖，又從宜家（IKEA）創始人坎普拉（Ingvar Kamprad）手上爭取資金，說服他買下整塊土地。地點確定之後，他又召集本地建造業領袖和開發商，不管他們本身是否競爭對手，都一併團結起來，組成科學園的發展集團。

然後，賀赫爾開始與當地企業領袖一同商討，科學園若要加入市場，應以什麼為研發方向？晶片嗎？還是醫療儀器？在賀赫爾的知交中，有一人來自富可敵國的瓦倫堡家族（Wallenberg family），也是愛立信董事之一。有一天，董事會在這個瑞典貴族的城堡共進晚餐，這位瓦倫堡董事就在席間作出一番雄辯，認為隆德產業應以行動通訊為焦點，而求才若渴、急需新血的愛立信也應該將研究部門設於賀赫爾正在開發的科學園；循此途徑，愛立信就能儘早加入競爭，爭取市場主導位置。

兩年之內，命名為伊德恩的科學園已飛速發展，成績驕人。伊德恩的成立有賴發展商、企業家、當地政府、大型企業和臨近大學的協力合作，與北卡三角研究園甚為相似。隆德大學雖為本地學校，但以規模計，當屬北歐挪威、瑞典一帶之冠；學生人數多達4萬8000人，占隆德市近半數人口。論研究實力，隆德大學亦一直名列世界百大，而且在歷史上多有創新之舉，超音波、人工腎臟、藍芽、和戒菸糖尼古清（Nicorette）等重大發明都誕生於此。

愛立信時任執行長林多甫（Mats Lindoff）是首先代表公司加入科學園的專家之一。當時，上司盧貝克（Niels Rubeck）給他一個電話的初型產品，交代入園後的任務，就是把這具「像磚頭一樣大」的電話改成「像火柴盒一樣小」。盧貝克帶領的研究上了軌道之後，愛立信每週增聘20個工程學家，最初只在瑞典招募，後來還在全球網羅，最高峰期的工程人員多達4000人。愛立信與隆德大學的研究人員緊密合作，無線電技術的頂尖學者奧維克（Sven Olof Orvik）的貢獻更是至關重要。奧維克帶著自己的得意門生，為愛立信的研發計畫解決了幾個最棘手的技術難題。那幾個學生畢業後馬上加入了愛立信研究室。

愛立信行動電話的研發，在隆德一帶吸引了不少合作夥伴和供應商，開闢了一個廣闊的生態圈。以比例計，愛立信每增加一個工程研究人員，附近供應商和行動科技公司同時增聘十個專家，甚至更多。市場對電話的需求已趨白熱，愛立信必須想盡辦法達到每年1億支手機的產量。儘管生產線已高度自動化，公司最後還是無法完成目標，遂開始計畫外包至中國，畢竟那邊生產成本低，生產品質較高，部件性能也較穩定。於是，愛立信手機在1999年正式於中國生產。此後，手機產量固然迅速攀升，但缺點也顯而易見：愛立信的工程部門和製造部門從此分隔兩地。兩個部門各自運作，互不溝通，過去的跨領域合作自然無以為繼。智慧型電話問世之後，愛立信的工程人員都不願跟隨大潮流，因為眼前的技術障礙實在太多。「我們已失去行動電話市場的主導地位，因為我們仍然在用工程學家的想法來設計手機。」[24]

之後的事已成歷史。2007年，蘋果公司推出iPhone。2009年，愛立信的手機系列納入索尼旗下。不過，索尼公司依然看重位於隆德研究團隊的寶貴價值。收購完成之後，伊德恩的愛立信研究中心及2500名工程人員全部留下，繼續在原地工作。同樣的情節，我們在其他智帶也不止一次看到。

後來，隆德智帶的關鍵人物又開始尋求新的發展。賀赫爾最初設定兩大產業支柱，一是電腦和電子科技，二是化學和生物科技。當時全球的生物科技前景一片光明，隆德智帶也開始轉向生命科學的研究。

2014年，瑞典生物製藥公司阿斯利康（Astra Zeneca）重整研究部門，將位於伊德恩科學園附近的研究機構「醫藥村」（Medicon Village），全體研發人員和科學家遷至瑞典第二大城市哥特堡（Göteborg）。安頓之後，隆德的專家團隊與瑞典、丹麥的合作夥伴一同創辦全新的「醫藥谷」（Medicon Valley）生命科學計畫。目前，多家先進製藥公司已加入醫藥谷，包括北歐規模最大、糖尿病研究領先全球的丹麥藥廠諾和諾德（Novo Nordisk），瑞典的癌症藥物研發公司Bioinvent、免疫藥物研發公司Active Biotech和奈米製藥公司Camurus，此外，還有美國衛寶（Gambro）等大型醫療儀器廠商的加盟。醫藥谷也有數以百計的小型生物科技新創企業，隨時可能躋身巨頭行列。目前，醫藥谷僱員人數已逾4萬。丹麥90%的生命科學家都在此工作，而瑞典每五個生命科學家就有一個加入了醫藥谷。生命科學研發的風險對報酬比率極高，每15種新藥中，只有一種可通過臨床測試，最後能在市場熱賣的新藥更是鳳毛麟角。這些研究人員承受的巨大壓力是可想而知的。

伊德恩科學園也有企業育成中心的功能。園內新創企業所涉技術產業極為廣泛，包括潔淨技術、軟體開發、新材料研發、生命科學和電訊技術。其中一家企業育成中心的負責人是專利律師莫賽爾（Richard Mosell），他的父輩也是發明家。「創新大多發生於領域交疊處。」**莫賽爾說，「伊德恩恰恰能創造環境，讓工程學家與創意人才、企業領袖對話。」據他所言，智力共享與鏽帶產業那種拘泥於層級、步驟的死板模式簡直是兩碼事，跟造船、造輪胎的過程完全不同，「智力共享其實更像是拍電影。」**[25]

正是這種想法，催生了一個也許真會躍上銀幕的驚人計畫——Max IV粒子加速器。這一個價值3億美元、大如體育館的環狀設備，是瑞典有史以來最大的科研計畫，也確實「大」得名副其實。Max IV志在引發全球粒子研究的新趨勢。不管是大學教授還是企業研發人員，都可利用粒子加速器研究新材料，或者在奈米層次研究物質。化學家諾倫（Katarina Noren）目前負責跟進粒子加速器的企業用戶。她認為，儘管美國、歐洲、日本都已推出最新的粒子加速器，但Max IV 會「將為數不多的對手一一打敗。」[26]

這個彷彿來自超時空世代的機器裡面究竟有何玄機？「我們提供的是光，」諾倫解釋道，「先將電子加速至接近光速，再利用磁場，把電子導入迴旋狀纖管，就會放射強光，亮度比一般日光高1000倍。」Max IV可生成光譜上任何波長的光，從超紫外線到紅外線都沒有問題。這些光有助於科學家研究任何氣體、表面和生物材料，研究人員也可以探索某些原子和分子混合後的相互作用，甚至改動其中某些物質結構，從而生成具有某種特性的新材料。諾倫確信，「Max IV將成為奈米級新材料研究的標準方法。」

你也許會猜，投資建設Max IV的企業恐怕會像過去閉門造車的研發部門那樣小心翼翼，拚死守護從中衍生的科學知識吧？其實，涉及Max IV的企業通常有兩種做法。有些企業只要同意公布實驗所有成果，就可以免費使用加速器。但有些研究必須使用這種級別的粒子加速器才做得成，那麼相關企業就必須為Max IV注入巨資，從而分擔加速器的維修和改進成本，這也是惠及全體用戶的做法。

荷蘭：歐洲的艾克朗？

荷蘭南部的礦區是典型的睡美人，一直在等待王子的一吻，讓生命力得到徹底釋放。1960年代初期，荷蘭北部探出歐洲最大的天然氣田，從此關閉所有礦區。這一決定在最初看來無疑是一場災難，因為經營礦區的荷蘭皇家帝斯曼集團是當地最大的僱主。所幸的是，帝斯曼很快在廢棄的礦區附近大興化工生產，此後多年一直為當地提供就業機會。到了1990年代，帝斯曼再次轉型，主力從事維他命和生物材料的生產製造。當地工會和政府大為驚恐，生怕區內最重要的僱主會一去不回，就業機會也隨之蒸發。然而，集團總裁謝白曼（Feike Sijbesma）向所有相關團體保證，集團不僅會留守原地，還會在區內發揮更大作用。謝白曼在2007年成為帝斯曼執行長，但當時他憑什麼來保證呢？他當年的建議正是成立研究校區，讓大小企業、研究人員能夠攜手推動生物材料研發；研究校區將在帝斯曼化工廠房原址改建，比鄰荷蘭東南部城市馬斯垂克（Maastricht）。

回顧歷史，不難發現，荷蘭一向是新材料研發的先驅。近百年前，荷蘭政府已成立了國家航太實驗室（National Aerospace Laboratory）[27]。實驗室有兩個研究夥伴，一個是世界首家民航企業荷蘭皇家航空（Royal Dutch Airlines，荷蘭文縮寫為KLM），另一個是當時最先進的飛機製造商福克公司

（Fokker）。實驗室希望透過合作研究，研發出更穩定、更高效的飛機。在此過程中，用於製造飛機的材料是最關鍵的要素；材料性能若得以提升，則上述目標都可達到。1980年代的材料研究多聚焦於合成纖維。阿克蘇和帝斯曼兩家荷蘭化工集團分別推出「Twaron」和「Dymeera」兩種合成纖維，性質近似於杜邦研發的「Kevlar」，但性能更強。這些新型纖維後來成為熱固性複合材料（thermoset composite materials）的重要成分，普遍應用於汽車和航天航空產業。

自1990年代後期開始，謝白曼成為荷蘭南部的連接者。他最大的貢獻在於改變氣氛，幫助業界和當地政府擺脫一直以來的疑慮。謝白曼慣於積極尋求解決方案，從不滯於問題本身。憑此精神，他創造了有利環境，在馬斯垂克大學（University of Maastricht）、當地政府和他的公司之間達成合作協議，彼此以平等的身分進入研究校區，合力進行生物材料研究。在研究校區裡，開放創新就是最高信條。校區脫胎於過去的化工廠址，名字「Chemelot」（化學城）則由英文單詞「chemical」（化學）和「Camelot」（亞瑟王及其騎士的聖城）拼合而來，頗具深意。

時至今日，50多家企業已加入化學城，帶來1100個優質職位。加盟的企業之一，是殼牌石油分拆出來的生物燃料及材料公司Avantium[28]。這家公司專門研發催化劑，服務的企業包括英國石油公司（BP）、殼牌、帝斯曼和可口可樂。研發人員還善用專業知識優勢，研發出生質聚酯材料PEF。這種提煉自植物的再生材料取代了隨處可見、被用來做塑膠瓶的PET。2012年，Avantium得到可口可樂、法國達能（Danone）和澳洲包裝公司澳普拉（ALPLA）等合作企業的資助，在化學城開設試驗工廠。2015年，新的商用廠房已經動工。

另一個化學城的成員公司是研發醫療新材料的新創企業QTIS/e。[29] 目前，企業兩位生物工程師盧本斯（Mirjam Rubbens）和郭克思（Martijn Cox）的活體心瓣研究已取得突破進展。他們與材料專家緊密合作，研發出一種可生物降解的高分子聚合物，並成功申請專利。新型聚合物能與健康體細胞融合，生成新的管瓣組織。新生組織在人體正常運行之後，聚合物也會在體內慢慢消解。這項成果意義重大，因為從此以後，患有先天性心臟缺陷的兒童（歐洲每年約4000名）只需接受一次手術，就能修正心臟問題。過去植入塑膠心瓣的療法，則需要兩次至三次手術才能完成。這項醫療技術已透過動物測試，並治癒了十個患者。現任公司技術長的郭克思在今年提到，未來將有更大的患者群體接受臨床測試。「測試成功的話，新型心瓣就會在2018年正式推出市場。」[30]

化學城得以建立並大獲成功，離不開荷蘭當地政府、大學和私營企業的通力協作。近幾年來，馬斯垂克大學還在此開設碩士課程，讓教學和研究與校區內的企業時刻保持緊密聯繫。同時，荷蘭東南內陸的林堡省（Limburg）也向化學城注入6億歐元的資金，投資期長達十年。充足的資金繼而為化學城吸引了學術界最厲害的角色。例如，奈米生物技術的頂尖學者畢特思（Peter Peters）就離開了阿姆斯特丹自由大學（Free University）和舉世聞名的荷蘭癌症研究中心（Antoni van Leeuwenboek），來到馬斯垂克大學，主持新成立的奈米螢光影像技術中心（Institute for Nanoscopy）。[31] 在此，畢特思及其團隊將探索癌症和幾種傳染病的起因，研究所需的特殊顯微鏡則獲得帝斯曼集團的慷慨資助。還有一例是生物學界的大人物馮比特維（Clemens van Blitterswijk）。他被譽為荷蘭最具創業資歷的學者，不久前也帶著20名研究人員離開湍特科技大學（Twente Technical University），來到馬斯垂克大學進行活體組織工程研究。[32] 馮比特維的研究團隊現正利用幹細胞生成智慧生物材料，以助重建活體組織和修補骨骼。在實驗室之外，馮比特維也正與帝斯曼集團等化學城企業攜手合作，希望在校區內培育一個「分拆公司族群」。

從紡織到熱塑性塑膠的轉型之路

前文提到，俄亥俄州的高分子研究已超越艾克朗一帶，帶動著整個地區的研發活動，各地各大機構之間亦已形成深厚聯繫。荷蘭的發展趨勢也一樣。南部礦區已從鏽帶轉型為研究校區，而在東部鄰近德國邊境的湍特地區，材料研發也相當活躍。湍特一帶的紡織產業已有逾百年歷史。1960和1970年代，南歐的廉價勞動力衝擊荷蘭本地就業，湍特地區及馬斯垂克均深受重創。當時，本地紡織技術集團TenCate正在研發熱塑性複合材料，但新材料的製造困難重重，也不可循環再用。十年的努力之後，集團又鑽研出一種新的製造程序，產出名為「Cetex」的熱塑性複合材料。新材料柔性更佳，更易用於製造各種形態的產品。這套新的製造程序也申請了專利。

希特斯的製造過程和之前的熱塑材料沒有太大分別，一樣要依靠湍特地區多年累積而來的傳統紡織技術。第一個步驟是將極細的合成纖維編織起來。TenCate的執行長德費斯（Loek de Vries）說過，將細絲編織起來，每一絲都完好無缺，這其實是一門藝術。[33] 正因編織技術極度精細，公司生產的熱塑材料的韌性比過去更強，抗震能力也更佳。新材料加上一種已申請專利的塗層，還能防潮防火。

目前，Cetex主要應用於三個全球利基市場：國防安全、汽車及航太，還有人工草坪。不論是美式足球、歐洲足球的比賽場地，還是中東等炎熱地區的公眾草地，都會用上人工草坪。TenCate 已是世界領先的人工草坪製造商，現在也繼續與企業夥伴合作，希望研發更柔軟、耐用、安全的物料。

TenCate憑其精深的熱塑性塑膠技術，在航空部件市場也占有重要席位。航空部件一旦失靈就會引發災難，所以原材料必須能在極端環境下保持穩定性能。首先，材料也必須能承受攝氏零下55度至攝氏45度的巨大溫差。換言之，在嚴寒條件下，材料纖維不可發生脆裂；在高溫環境下，材料不能過度軟化、甚至熔化。這些材料也必須經得起強力碰撞，強度相當於飛機起飛、降落和抵禦氣流時承受的壓力。

TenCate一直和自己的客戶分享智力。重要夥伴之一就是荷蘭飛機製造商福克。福克曾在1996年破產，後來東山再起，成為飛機部件製造商，專門生產機身、機翼和起落架。[34]福克技術長柏斯廷（Wim Pasteuning）告訴我們，公司與TenCate之間的緊密協作是非常重要的，這樣才能將熱塑材料的研究成果用於改進公司的產品。按照規定，TenCate的材料必須經過頻繁測試，不斷獲得認證，才能用於航太設備。「他們知道這是必經階段。」柏斯廷說，「儘管我們的訂單數量不高，他們還是非常配合。」[35]另一方面，這些測試也能幫助TenCate不斷改進材料，力達最高標準。假以時日，新型材料將逐漸適於更廣泛的商業用途，甚至打入利潤豐厚的汽車市場。

多年以來，TenCate和福克也和其他夥伴密切合作，包括荷蘭國家航太實驗室、代夫特大學和湍特大學。2009年，這一智力共享的盟隊又多了波音公司，並一同成立熱塑性塑膠複合材料研究中心（Thermoplastic Composite Research Center），地點就在湍特大學校園內，TenCate總部也近在咫尺。

TenCate在航天航空產業已擁有精深的專業知識，目前正努力拓寬熱塑材料的應用範圍，希望進入汽車領域。2013年，公司與瑞士新創企業、汽車部件製造商Kringlan簽訂合作協議，共同生產模塑複合構件（例如車輪）。而早在2011年，寶馬汽車（BMW）已購入這家新創企業17.5%的股權。寶馬希望找到較輕的複合材料，代替汽車的鋼輪，而Kringlan是目前唯一能保證產量的製造商。新型車輪將比鋼輪輕三至四成，耗油量和二氧化碳排放量也會隨之降低。

TenCate 在材料研發方面的專業知識，配合Kringlan的生產技術，再加上各自對於汽車和航天航空產業的透徹理解，想必能使陸空交通工具變得更安全、更節能，開創一個全新的世代。

第4章

白袍與藍領

生物科學及醫療器材的跨界合作

我們發現，並非每個智帶都是由鏽帶蛻變而成，不是每個案例的重要人物都如卡路爾諾或北卡羅萊納州和馬爾默的領袖一樣，有著傑出非凡的連接者形象。比如說，在明尼亞波利斯，大型企業美敦力的存在就不容忽視。連接者並非由個人扮演；更確切地說，是有好幾位醫師、研究人員、企業家和創投業者，他們全是重要人才，使明尼亞波利斯－聖保羅揚名海外，成為生命科學智帶，而且在醫療器材領域尤為突出。

明尼亞波利斯地區一直是健康照護產業的中心，這很大程度要歸功於一位關鍵人物（若不算是連接者）——不斷自我提升、獨行其是的李拉海醫師（C. Walton Lillehei，1918-1999）。眾所周知，李拉海是醫術高明的外科醫師，任教於明尼蘇達大學，教學出色，也是心內直視手術（open-heart surgery）技術和設備的先驅，對於為有先天缺陷的兒童進行手術素有研究。[1] 換句話說，他是個三面手：既是執業醫師，又是學者和企業家，但他倒沒有像後來的人那般，為智慧生態圈打下根基。（李拉海以揮霍見稱，曾與美國國家稅務局發生糾紛，個中細節令他的性格更顯複雜，但這是題外話。）

1950年代，心臟外科醫師進行手術時，需要依賴笨重的電動儀器去控制病人脈搏。1958年的某天，正當李拉海為一名兒童進行手術時，醫院突然停電，儀器失靈，導致兒童的心跳停止，當場死亡。

李拉海不希望同樣的事情再次發生。他的一位護士的丈夫

李拉海醫師，人稱「心內直視手術之父」。
圖像來源：明尼蘇達大學李拉海學院（Lillehei Institute）

是電機工程師，名叫巴肯（Earl Bakken），所經營的公司負責為明尼蘇達大學醫院維修醫療器材。李拉海請巴肯設計一台由電池供電的小型便攜儀器，以取代舊機器。全因舊機器既要接上電源，又不能移動，才會導致他的小病人死亡。按照李拉海粗略的草圖，巴肯借用節拍器的機械設計，造出了原型（節拍器原是用在幫助學音樂的學生掌握節奏）。當時尚未有美國食品藥品監督管理局（US Food and Drug Administration，簡稱FDA）的監管規定，所以李拉海翌日即可進行試驗，結果儀器奏效。起初，有些外科醫師仍然持懷疑態度，但儀器經過不斷改良，變得更有效更可靠，令人信服，最後成為了美敦力的主力產品，而美敦力現在是全球領先的心律調節器廠商。

在這個過程中，李拉海的創新催化了醫師、科學家、醫院和大學的網絡，將明尼亞波利斯變成生命科學產業的中心，並特別側重於醫療器材。

生命科學是智力共享活動的最新領域，而且增長急速，囊括生物科學、生物科技、生物醫學和醫療器材。生物科技是一門歷史悠久的學科，啤酒發酵始於公元前7000年，生物科技也同樣古老。可是，到了1919年，「生物科技」（biotechnology）一詞才由匈牙利工程師艾里基（Károly Ereky）提出。艾里基相信，若善用發酵過程，就可研發出各種各樣的產品，包括藥物。[2]他是對的。1940年代，除了類固醇和荷爾蒙，發酵過程還為我們帶來盤尼西林，多年來拯救了幾百萬條性命，為藥廠帶來數以十億計美元的收益和利潤。

自此，生物科技取得重大的進展和突破。到了1960年代，分子生物學研究[3]催生了不同的生物科技公司，如基因泰克、百健艾迪（Biogen Idec）和安進（Amgen）等。1990年代起，人類基因圖譜計畫展開，免疫療法取得進展，推動了新藥物的研發，特別是治療癌症的藥物。[4]隨後研究拓展至複製、幹細胞和基因改造。過去十年，電腦運算和數據分析成為了生命科學研究和產品研發的重要元素。

20世紀，我們在發展傳染病治療方面取得長足進步，包括霍亂、結核病、瘧疾、性病和愛滋病病毒等。今天全球最大的衛生挑戰是慢性疾病，如癌症、糖尿病、心臟病、中風和肥胖。慢性疾病占全世界死亡率超過六成，以及醫療開支七成半。[5] **若要研發這個領域的新產品和新技術，就需要依靠智力共享。臨床研究往往昂貴複雜，又涉及多個學科，孤軍作戰根本無法進行——正如前兩章所見，研發晶片、感應器和新材料都一樣。大型藥廠和生命科學企業均減少自家的研究活動，尤其是新領域和風險較高的項目，寧願專注於少數比較有把握的投資。然而，企業依然需要研究去創造新知識，於是收購愈來愈多的研究項目，與更多新創企業密切合作**。這些新創企業通常由教授和學生創立，旨在探討非傳統的想法，規模小，大多沒有足夠的人才（尤其是管理方面），也欠缺所需的技術或充足的資金進行想做的研究，因此他們都會轉向較大型的企業尋求合作。大型企業有助於籌措資金，亦可協助管理研發的過程，將構想由初步試驗落實成可銷售的產品。這些大型企業有時會購入合作夥伴的股份，或直接提出收購。

目前生命科學領域中，最令人振奮的發展來自醫療器材產業，產值達3000億美元。這些新器材會為醫療工作和程序帶來重大改變。例如感應器收集的醫療數據遠較以往有用，使診斷的臆測成分大大減少，亦有助監察療程和藥物的成效。外科醫師靠著用完即棄的植入式感應器，可以確保植入物的位置精確，並且進行監察。

可穿戴器材如腕錶、衣物和貼片，均內建感應器，可以監察和追蹤不同的身體器官和機能，分析表現並作出健康警告。上文提及，可攜式心律調節器取代了手術室的笨重機器。這些不顯眼的可穿戴小型裝置也一樣，將會代替離不開醫師診間和病房的獨立測試儀器，將大量數據無線傳輸給健康照護服務提供者、裝置生產商及監管機構等（安全和隱私的問題正引起激烈討論）。「很快所有醫療器材都可以即時收集資訊。」嬌生集團（Johnson & Johnson）執行長戈斯基（Alex Gorsky）告訴我們。「傻瓜產品的時代已經完結，遠程醫療的時代即將來臨。」[6]

這一章，我們將走訪世界心律調節器之都明尼亞波利斯，以及大數據至上的俄勒岡州波特蘭；也到了瑞士的蘇黎世，那裡有了不起的科學園區；還有德國的生物薩克森（BioSaxony）地帶，以及芬蘭的奧盧，該地擺脫了殘存的手機工業，蛻變成生命科學的智帶。

明尼亞波利斯：自立也許正是合作關鍵

多年來，明尼亞波利斯－聖保羅的經濟經歷高低起伏，但從未如艾克朗和馬爾默這些地方般，先陷入鏽帶的困境，然後才變成智帶。明尼亞波利斯－聖保羅是個大都會，向來是研磨穀物、釀製啤酒和伐木的中心。雖然這些行業放緩，但該地區卻避過了嚴重的衰退，因為名列美國《財富》雜誌百大企

明尼亞波利斯金牌麵粉（Gold Medal Flour）磨坊前的鐵路調車場，攝於約1940年。
圖像來源：Corbis Images

業（Fortune 100）的重要公司，包括3M、通用磨坊（General Mills）和嘉吉（Cargill），都沒有放棄該地區，一直將總部設於「雙子城」（Twin Cities，指明尼亞波利斯和聖保羅的鄰近社區）。電腦工業發展早期，明尼亞波利斯也占了一個席位，研發了第一台超級電腦的康大（Control Data）就是在那裡創立的。康大和旗下的衍生公司吸引了許多創投企業和資訊科技人才，日後區內的醫療器材公司亦得益於此。

基於多個因素，明尼亞波利斯成為了生命科學領域的智帶，在醫療器材方面尤為突出。1940年代末，數據顯示美國的心臟病病發率上升，有鑑於此，美國國立衛生研究院（NIH）增加撥款，資助心臟健康和相關醫療程序的研究。有了資助後，明尼亞波利斯和全美各地的廠商開始研發醫療器材。資助也鼓勵了外科醫師探索創新，甚至勇於冒險，李拉海就是一例。

丹恩（Norman Dann）是創投業者，在1950年代活躍於明尼亞波利斯；據他所說，他見證著外科醫師的崛起。這些醫師同時也是企業家，獲得研究資助，不必和官僚機構周旋，對醫療技術著迷，願意大灑金錢購買具備最新功能的器材。他們的花費繼而促成小型醫療器材製造商冒起，製造商大部分的利潤又會投入到其後的研究。

幾家世界級的創新醫院也參與創建明尼亞波利斯的智帶，包括梅奧醫院（Mayo Clinic）。另外，明尼蘇達大學作為關鍵的教育機構，連同外科醫師和學生在內，也都是智帶的一分子。

當地的文化可以說是「審慎冒險」，事實證明，這非常有利於研發複雜、創新、生死攸關的產品，例如醫療器材。這種態度部分源自歐洲北部移民的做事原則，他們都是出色的修補匠和自立的發明家，對於資源十分節儉。他們喜歡先嘗試自行修理物品，然後才請維修工來或是買個新的。

企業：智慧生態圈的連接者及催化劑

雖然在明尼亞波利斯發展初期，李拉海扮演了重要角色，但美敦力這家公司的相關人士，才真正是不可或缺的連接者。

1949年，巴肯和他的姐夫合作，在車房內成立美敦力公司。後來巴肯為李拉海製造了第一個心律調節器的原型，並交由美敦力生產。自此，美敦力在醫療器材和醫療填充物的領域領先全球，但最重要和賺錢最多的產品始終是心律調節器。相比巴肯按李拉海的規格拼湊而成的裝置，心律調節器的體積變得更小，也可靠得多，但售價依然高昂，介乎1萬至2萬5000美元，而且還未算上住院費和手術費。心律調節器每年售出大概150萬個，美敦力占其中四成。事實上，美國的心律調節器製造工業已被壟斷。[7]美敦力也有利用心律調節器的技術專長，生產其他產品，包括支架、除顫器（defibrillator）、腦部和脊髓刺激器，以及胰島素幫浦等。[8]

美敦力發展成全球製造業的領先企業，過程中大大促進了新知識的創造。有人認為，美敦力的貢獻可以媲美、甚至勝過明尼蘇達大學，並冠以「美敦力大學」一詞。當我們問及美敦力策略副總裁皮朵特（Ellie Pidot）的看法，她拒絕比較兩者，只是表示：「明尼亞波利斯半徑80公里範圍內，針對心臟的研發比世上任何地方都要多。」[9]

兩所機構一直互相合作，創意雙向流動。例如，明尼蘇達大學研發胰島素幫浦後，交由美敦力出產商品。這只是明尼蘇達大學醫療器材中心（Medical Devices Center）發展的眾多技術之一。該中心可稱得上是「發明工廠」，其下的科學家發明了超過125個專利。大學也有講授創業，贊助美國最大型的全州創業比賽明尼蘇達盃（Minnesota Cup）。自2005年起，比賽吸引了超過8000名有志成為企業家的參賽者。[10]

美敦力與明尼蘇達大學及其他機構合作，催生了大量企業，成績驕人。2000年，明尼亞波利斯地區有450家生命科學企業（主要以醫療器材為重心）；到了2014年，數目增至2500家。全球最大的機械心臟瓣膜公司聖猶達（St. Jude），以及心臟心律調節器公司（Cardiac Pacemakers），[11]均是由曾任職美敦力的研究人員成立。另外幾家生產支架和填充物的公司，包括CVRX、EV3[12]和SurModics，其創辦人都是在區內的心律調節器製造商開展事業。正因為明尼亞波利斯的醫療器材產業活躍，新創企業能夠運用當地大量的人才，獲得創投資金，得到熟悉行業、往績長久的學者、企業家和其他前輩指點。

和很多生命科學企業一樣，收購擁有創新團隊的小型研發公司，是美敦力智力共享策略關鍵的一環。比如說，在2014年，美敦力收購了荷蘭的新創企業Sapiens SBS。這家企業專門研究神經調節，即是把電脈衝及藥物傳送到神經系統的特定區域；亦有研發新一代的腦部深層刺激（deep brain stimulation），接觸點可達40個。執行長凱爾贊斯（Jan Keltjens）解釋，由於融資變得困難，找美敦力幫忙很合理，可以讓產品「跨過終點線」。[13]

大型傳統機構要作出此類收購，因為創新精神不及小型研究公司，需要依賴這些公司進行大部分的創新研究，成果通常較佳，成本也較低。丹恩年過80歲，對早期的經驗依然記憶猶新，他的看法和很多人一樣：「最好的研發都是出自一小撮研究人員，他們不受層級制度束縛，能夠迅速改正錯誤，工作文化亦寬容難免出錯的研究。」[14]大型機構往往各自為政，反應緩慢，層級分明，研究人員會因為出錯而受罰，而不是因為進度緩慢。美敦力執行長伊許拉（Omar Ishrak）曾任職通用電氣醫療集團（GE Healthcare），他認為公司的研發收益太低，即使在收購小型企業的同時，還是解僱了數千名內部研究人員。[15]然而，若談到籌備大型臨床測試和建立支援系統，諸如美敦力的大型企業仍有絕對優勢，因其技術專長、影響力和資源俱備。

瓦爾斯特倫（Dale Wahlstrom）曾是美敦力的副總裁，後來成了明尼亞波利斯一家貿易機構LifeScience Alley的執行長。[16]他指出，除了美敦力和明尼蘇達大學作出貢獻外，專業研究培訓學院、專利律師、監管專家、創投業者和當地政府也扮演了重要的角色，形成「整體的文化」。公私合夥尤為重要。「當我在私人部門當科學家時，」瓦爾斯特倫告訴我們。「我不瞭解公私合夥的意義。」但他發現，企業和大學「聯合起來」發展新思維、接觸監管機構，極為關鍵。「我現在深信不疑了。」他的想法和我們在其他智帶的發現不謀而合。[17]

波特蘭：慈善家是創造時機的連接者

與明尼亞波利斯不同，波特蘭經歷了鏽帶的時期。林業、鋁熔煉業、造船業和汽車組裝業曾經帶動俄勒岡州的經濟，後來漸漸被成衣和科技企業取代。太克科技（Tektronix）是測試和測量設備的生產商；供應商和經銷商組成廣大的網絡，圍繞著太克科技發展。1974年，美國政府要求英特爾在區內設立能夠承受地震的後備設施，於是英特爾在波特蘭開設晶片製造工廠，補充加州的業務。羅勃茲（Babara Roberts）由1991年至1995年出任州長，在她帶領之下，俄勒岡州吸引了其他高科技企業，用稅務減免換取企業設立工廠，以達成雙方協定的目標。

即使各機構近在咫尺，在彼此附近營運多年，有時候還是要靠局外人團結各方。波特蘭就是如此，傑出大學的研究人員以及半導體巨頭英特爾的行政人員，雖然都在同一地區，卻從未合作。耐吉是運動服飾業的標誌，又是區內的成功企業，其創辦人兼主席奈特就促使了各方走出穀倉。2013年9月的一個晚上，有一籌款活動，紀念奈特癌症研究院（Knight Cancer Institute）的總監兼「星級研究員」德魯克（Brian Druker）。奈特上台時，他所作的努力迎來了重要的時刻。德魯克有句名

耐吉創辦人奈特和奈特癌症研究院。
圖像來源：Paul Morigi

言：「我們無疑可以戰勝癌症。對抗癌症需要的是知識。當我們知道什麼出了毛病，我們就可以解決問題。」德魯克或許可以加上一句，所需的知識有兩個先決條件：雄厚的資金，以及生物科學和高科技製造業之間的緊密合作。

五年前，奈特向癌症研究院捐款1億美元，因此研究院以奈特命名。研究院隸屬俄勒岡健康與科學大學（OHSU），專門研究早期癌症。事實證明，奈特的饋贈是波特蘭地區的分水嶺：額外的經費使奈特研究院成為美國最頂尖的癌症研究中心，促使波特蘭研究生命科學的群體，與醫療研究領域以外的重要夥伴加強協作。晶片製造商英特爾和電子顯微鏡生產商FEI都從事智慧製造，OHSU要取得成功，就要依靠相同的模式。反過來說，英特爾也熱衷合作，因為英特爾正嘗試研發新一代晶片，晶片對基因體研究非常重要，需要用到大量的病人數據。FEI則趁機改良顯微鏡，讓癌症研究人員可以更好地觀察細胞，以及細胞和藥物的相互作用。

某程度上，多虧奈特2008年的捐款，俄勒岡州的生物科技產業得以避過衰退，免受經濟萎縮影響；事實上，在過去十年，就業人數更上升了31%。[18]然而，雖然波特蘭度過了艱難時期，在生命科學領域中取得成功，但到了2010年，隸屬美國國立衛生研究院的國家癌症研究院（National Cancer Institute）開始削減撥款，波特蘭再次面對新的經濟挑戰。

因此，在2013年的那個晚上，奈特向波特蘭地區許下更大的諾言，並挑戰其他人仿效。他承諾，在接下來兩年，如果研究院籌得5億美元，他便會多捐5億。結果在2015年6月，研究院達成目標。

奈特的捐款雖然豐厚，但與波士頓和聖地牙哥等地區相比，波特蘭的生命科學智帶還是相對較小，但勝在雄心壯志，增長迅速。今天，生物科學在美國的產值達40億美元，就業人數達15000人，當中40%從事醫療設備，26%從事藥物生產，使俄勒岡州成為美國生物醫學產業的領先州。[19]

波特蘭的工業環境改變，OHSU也隨之而發展和轉型。

OHSU成立於1974年，原名為俄勒岡大學健康科學中心（University of Oregon Health Sciences Center），隨後吸納了幾個州政府的課程，包括牙醫學、醫學和護理學；2001年與俄勒岡科技研究院（Oregon Graduate Institute of Science and Technology）合併；現時聘用了2500名教職員，共有3000名學生，每年研究預算達3億5000萬美元；校園內有三家醫院，每年求診人次近100萬。[20] OHSU是舊金山和西雅圖之間唯一的國家癌症研究院指定癌症中心，亦是美國公認最傑出的醫學大學研究中心。

高科技產業增長，尤其有英特爾的參與，加上俄勒岡健康與科學大學穩定的發展，為波特蘭的生命科學智帶奠定了兩個重要元素：智慧製造以及強勢的學者。可是，直到踏入千禧年，科技領域和生命科學的成員依然沒有齊心協力，無法形成瓦爾斯特倫談及明尼亞波利斯時所說的「整體文化」。2001年，透過鞏固生命科學領域的智慧生態圈，俄勒岡州政府設法縮小雙方之間的差距。州政府擬議發行2億美元債券，名為「俄勒岡機會」（Oregon Opportunity），旨在集資發展新的生物醫學研究設施和招攬人才，結果獲選民多數通過。當地的慈善家更額外捐出3億7500萬美元。

「俄勒岡機會」計畫開展以來，研究活動激增，成果豐碩。新成立的研究中心不只一家，而是三家，另外還有新設的創業育成中心；研究人員帶來超過4億美元的撥款，有超過50家生物醫學企業開張，也有現存企業進駐。基因泰克生產了兩款新的癌症藥物，分別是癌思停（Avastin）和賀癌平（Herceptin），其生產工廠總值4億美元，坐落於波特蘭郊區的希斯伯勒（Hillsboro）。百多力（Biotronik）的總部設於德國，是首家無線心律調節器的製造商，[21]在波特蘭南部奧斯威戈湖（Lake Oswego）附近設有先進的工廠。薩姆醫療產品公司（Sam Medical Products）由施辛伯格（Sam Scheinberg）創辦，施辛伯格是戰地創傷外科醫師，他研發了新一代的輕量夾板，用以取代越戰中既笨重又不合身的設計。母乳銀行美多拉克實驗室（Medolac Laboratories）透過廣泛的網絡向女性收集母乳，並將之分發，為早產嬰兒提供營養。

另外，波特蘭開始涉足遠距醫療監測系統，而且發展迅速。這需要軟體工程師和醫療研究人員跨界合作，共享智力，結合分散式計算（distributed computing）能力和無線技術。ReelDx是從事這個行業的公司，所以我們參觀了該公司設於舊的繩索工廠的辦公室，工廠內更有超過60家新創企業。執行長凱利（Bill Kelly）畢業於哈佛商學院（Havard Business School），是位連續創業家（serial entrepreneur）。[22]凱利和OHSU兒科急診主任史拜羅（David Spiro）創立ReelDx，目的是透過智慧型手機或救護員佩戴的GoPro攝影機，記錄治療病人的過程。兩位創辦人設想產品會是為醫科生而設的教學工具，但他們很快看出產品的潛力，認為它可用於救護車和臨床測試，監測沒有行為能力和年邁的病人。計畫旨在透過安全的雲端平台分享影片，平台符合《健康保險可攜性及責任法》（Health Insurance Portability and Accountability Act，簡稱HIPAA）的條例，此舉可以減低健康照護的成本，並且提高效率。

大數據貿易：俄勒岡健康與科學大學和英特爾的合作

波特蘭的學界－業界智力共享案例中，最具象徵意義的或許是OHSU和英特爾的合作計畫。OHSU醫學院的資深副院長史坦澤普（Mary Stenzel-Poore）負責研究工作，參與協助計畫實現。[23]她會把複雜的問題形容為「樂事」，對於國立衛生研究院減少撥款，她認為是積極的發展。為什麼？因為人們不得不共享智力。正如我們在眾多智帶所見，團隊科學、跨學科合作和知識共享往往都是出於必要。「只有在無法獨自達成目標的時候，人們才會攜手合作，」史坦澤普告訴我們。可是，這種出於必要的關係可以是「困難重重」，史坦澤普如此說，他們知道需要一位連接者，「充當媒人，讓奇蹟發生。」

這個人就是OHSU生物醫學工程學系主任格瑞（Joe Gray），一位擁有超過80個專利的科學家，並具備工程學和核子物理學的資歷。格瑞形容，OHSU的目標是要建立「癌症谷歌地圖」，

右者為OHSU生物醫學工程學系主任格瑞。圖像來源：俄勒岡健康與科學大學

從微觀角度研究癌細胞數以十億計的突變，再結合整個癌症系統的全面分析。[24]要把如此龐大的數據視覺化，必須要有強大的電腦運算能力，因此格瑞接觸英特爾，聯絡了當時的技術長帕洛斯基（Stephen Pawlowski）。[25]帕洛斯基認為，英特爾擅於「發展高能源效率、超大規模的運算解決方案」，OHSU則有能力理解複雜的生物資料，合作可以結合雙方的優點。[26]今天，在英特爾與OHSU的合作計畫之下，電腦科學家、生物學家，以及生物物理學、生物資訊學和基因體學的專家匯聚一起，每天

並肩工作。現時，有20位英特爾的工程師長駐OHSU校園。

合作雙方均認為，如此方式的智力共享該是今後的發展路向。對英特爾來說，健康照護是未來的主要市場，只要研發出下一代的高效晶片，就可以進占領導地位。研發的目標是要在數小時內完成個人DNA的分析，無須等候數星期，並將成本由數千降至數十美元。OHSU為英特爾提供所需的病人數據；而作為回報，OHSU治療病人的成效又可獲提升。格瑞表示，要發揮個人化治療的潛力，就需要收集數以百萬計的病人數據，與正接受治療的病人比對，找出相似的細胞，瞭解不同療程的成效。只有攜手合作，研究人員才可以深入瞭解疾病，為病人提供更適合的協助，晶片製造商才能獲得所需的技術，製造功能更強的晶片，應用於健康照護。

這種協作使波特蘭地區的科學家明白，必須將研究轉化為可銷售的產品，才可確保獲得企業資金。（在波特蘭和其他智帶，過去學界與業界之間的隔閡仍然留有痕跡。）可是，健康照護產業既要克服計畫複雜的問題，又要面對監管障礙，這或會拖慢從研究到產品的過渡。不過，OHSU技術轉移中心（Office of Technology Transfer）的負責人華森（Andrew Watson）表示，OHSU已向營利企業釋出84個授權，將OHSU科學家和技術專家的研究推向市場，並且每年分拆出三至四家新創企業。（史丹佛和麻省理工學院一直領先，每年成立多達20家新創企業；與之相比，OHSU起步還算不差。）OHSU的新創企業大多設於俄勒岡州，對該地區的經濟發展甚有裨益，每年可為OHSU帶來高達300萬美元授權費。[27]

成功的案例有很多。舉例說，Orexigen Therapeutics藥廠研發了減肥藥Contrave，供糖尿病和肥胖患者使用。某些癌症突變會對慢性白血病藥物基利克（Gleevec）產生抗藥性，MolecularMD公司就將大學可以偵測到這些突變的專利技術商品化。另一家新創企業正在測試萬普勒（Richard Wampler）設計的人工心臟，有望解決心臟捐贈短缺的問題。[28]

所有活動的關鍵就在於機構和學科之間的智力共享。格瑞告訴我們，他在學時，生命科學的課程並沒有囊括所有相關學科。「現在我們知道跨學科合作是必須的，」格瑞說。「皆因情況如此複雜，憑個人的智力根本再也無法掌握得來。」

智力共享也需要基礎建設

新創企業只擁有聰明的科學頭腦是不夠的。事實上，年輕企業需要市場知識、基礎建設和發展基建的資金。在這方面，大規模的慈善捐助發揮了十分重要的作用，提供所需的資金，發展波特蘭生物醫學產業的基礎建設。除了奈特之外，富豪路德維希（Daniel K. Ludwig）、蓋茲（Bill Gates）和艾倫（Paul Allen）等人都有助資助興建設施，促進智力共享。[29]比如說，奈特癌症研究院的新大樓將會靠近市中心，而不是位於市中心外的校園

波特蘭海濱，1898年。圖像來源：美國國會圖書館（Library of Congress），編號 LC-USZ62-120205

山頂。如此一來，OHSU的癌症研究活動得以接上新創企業的智慧生態圈以及生物科學企業育成中心，並和附近其他大學的化學和工程學系建立聯繫。

OHSU的協作生命科學大樓（Collaborative Life Sciences Building）同樣是該大學在市中心的重要組成部分，也是與英特爾合作的樞紐。工程學和電腦科學均被納入課程，大樓的設計別具特色，可容納最先進的健康照護設備。舉例說，上層結構的地板「浮起」，可消除周遭環境引起的震動，避免干擾極為敏

OHSU生命科學大樓前的電車。
圖像來源：Teresa Boyle, City of Portland/NACTO

感的顯微鏡。最重要的是，大學包括格瑞在內的頂尖研究員在大樓裡設有辦公室。幾年前格瑞給我們看過照片，從他的辦公室看出去，可以看見威拉米特河（Willamette River）及運作了幾十年的船廠的遺跡。

那片景觀有很大變化。羅森費爾德（Eric Rosenfeld）是位天使投資人，據他所說，波特蘭曾被形容為「縮小版辛辛那提」（smaller version of Cincinnati），即是平淡乏味，缺乏所需的便利設施創造智帶。但今非昔比，市政官員和大學高層同

從瑞士蘇黎世聖彼得教堂所見的景色。圖像來源：美國國會圖書館印刷及照片部（Prints & Photographs Division），彩色照片集（Photochrom Collection）編號 LC-DIG-ppmsc-07927

心協力，重振荒棄的地區，改善交通；為年輕的企業家開拓機會，開辦農夫市集，供應本地食材，並開設上好的餐廳。波特蘭已是美國人均騎自行車人數最多的城市，也吸引著受過良好教育、希望在新創企業工作的畢業生。「對充滿創意的極客（geek）來說，這是個好玩的地方，」羅森費爾德說。「我們也吸引到富有的退休執行長，前來接受新的管理挑戰。」[30]

多年來，波特蘭以熱鬧見稱，集合體育活動、運動服裝，以及特色啤酒和葡萄酒釀造；現在，波特蘭生命科學領域的智力

站在中間的是詹尼，左邊是Empa的執行長柏拿（Gian-Luca Bona），右邊是Feld3的董事總經理佛利希內特（Peter Frischknecht）。
圖像來源：Empa，2013年

共享活動蓬勃，也獲得了世界注目。

蘇黎世：新型貨幣

佛萊德任職金融記者時，首次到荷蘭以外的地方出差，就是去瑞士。那是1981年的春天。在當地訪問銀行家和金融分析師時，他領會到，銀行保密制度是神聖的資產。30年後，在美國政府施壓之下，瑞士的銀行被迫改變私人銀行的做法，失去部分傳統優勢。2008年金融危機又一次對當地銀行業造成沉重打擊。

因此，當我們在2014年走訪蘇黎世，此行目的並非要訪問金融業人士，而是想進一步瞭解推動生物科技新創企業的理工大學。基礎研究歷來都是由跨國製藥企業進行，包括羅氏藥業和鄰近巴塞爾（Basel）的諾華藥廠，但過去20年，蘇黎世發展起來，成為了生命科學智帶。就像我們在其他城市所見，蘇黎世廢棄的工廠變成了科學園、劇院和餐廳。這些早已遺忘的地區變得充滿活力，成為居住和工作的樂土。

蘇黎世及歐洲其他我們查訪過的生命科學智帶——德勒斯登和奧盧——發展的方式非常獨特，不同於美國的智帶或側重不同產業的智力共享中心。雖然蘇黎世沒經歷過鏽帶階段或面對過存在危機，但某些傳統的製造業確實消失了，銀行業也失去部分優勢。不過，蘇黎世依然是銀行中心和奢侈品公司的總部，當中包括世界級品牌如勞力士（Rolex）和瑞士蓮（Lindt）。

蘇黎世崛起成為生命科學智帶，主要歸功於瑞士聯邦理工學院（ETH）的計畫。蘇黎世ETH在科技和自然科學方面均是世界一流，既是人才聚集之地，也是新創企業的溫床，對已站穩陣腳的組織來說，又是理想的地點。如我們在其他智帶所見，改變的開端可追溯至個人連接者，這次是百健的創始人魏斯曼，我們在第一章已提過他。當地很多生命科學的研究都在施利倫－蘇黎世生物科技園（Bio-Technopark Schlieren-Zurich）進行。當我們和兼任執行長的詹尼（Mario Jenni）討論，很快便提起了魏斯曼的名字。魏斯曼曾任ETH分子生物學研究所所長，由學者變為企業家，於1978年創立百健公司。他的同事當時認為魏斯曼「把靈魂賣給了魔鬼，」詹尼告訴我們。[31]

可是，一如智帶發展常見的情況，魏斯曼大膽的舉動最終使持不同意見的人匯聚一起。雖然大學不會立即改變，但十年過去，眼看百健取得成功，其他學界的研究人員和高層不得不重新考慮，審視自己如何看待研究和商業之間的關係。1991年，新法例通過，表明ETH作為政府資助的大學，必須將研究成果應用到產品研發，從而令資助研究的納稅人和整體社會得益。這更催促了學界改變立場。漸漸地，ETH繼承了魏斯曼率先擔當的角色，扮演機構連接者，彷如一隻善意的蜘蛛盤據網中，成為智慧生態圈不可缺少的一分子；當然，學者、政府、企業家、科學家和金融業者通常也參與其中。

蘇黎世的幾個科學園和大學的角色同等重要。首先是1993年開放的蘇黎世科技園，由瓦德奇（Thomas von Waldkirch）發展。瓦德奇在ETH擔任教授多時，與魏斯曼教授共事，是少數欣賞魏斯曼成立百健的學者。瓦德奇曾於1985年到過美國，他的所見所聞令他相信，蘇黎世需要成立科學園，讓年輕的企業家可以接受指導，發揮所長。1988年，瓦德奇首先成立科技園基金會（Technopark Foundation），得到蘇黎世市長瓦格納（Thomas Wagner）、ETH院長烏爾施普龍（Heinrich Ursprung），以及企業家、政客、研究人員和銀行業者支持。[32] 科技園選址於瑞士工業集團蘇爾壽（Sulzer）空出的廠房，翻修完成後，企業紛紛陸續進駐。2001年，瓦德奇準備迎接另外的挑戰，於是選定了31歲的史匹格（Lesley Spiegel）為繼任人，因為她的年紀與科技園的企業家相若。在史匹格任內，租戶的數目翻倍，共有超過300家企業入駐，主要是科技公司，但也有來自金融服務業。

施利倫－蘇黎世生物科技園（BIO-TECHNOPARK Schlieren-Zurich）專為生命科學企業而設，是退休企業家克朗曼納契（Leo Krummenacher）的心血結晶。1984年，瑞士鐵路車廂及升降機工廠（Swiss Rail Carriage and Elevator Factory）停業，克朗曼納契便向工廠購入了幾座大樓。他知道ETH當時急需用地，於是ETH成為了第一批遷進科技園的租客，但很快就搬到蘇黎世北部全新的建築群。在ETH短暫的租約期內，克朗曼納契結識了一些教授，並保持聯絡，這些教授告訴他，真正欠缺的是可以提供專業實驗室設備的育成中心，因為很多新創企業都沒有機會使用或負擔不起這些設備。克朗曼納契估算了一番。「我覺得風險有限，」他說。「所以我出手相助。」[33] 其後很快證明育成中心具有吸引力，自此有數以千萬計的瑞士法郎用於投資設備。[34]

詹尼自2003年起兼任施利倫－蘇黎世生物科技園執行長。他最重要的職責大概是為科技園物色租客。「我們始終非常集中挑選生命科學企業，不能降低要求，」詹尼說。目前有超過30家企業以科技園為總部，當中包括藥物、醫療器材、生物可分解骨頭以及診斷設備的生產商。九成在科技園創立的企業至今仍然營運。

由於土地有限，科技園向上發展，建成高樓大廈。詹尼希望增加更多辦公室和實驗室的空間，增添建築物的特色，營造校園的氛圍，例如劃分非正式會議區，讓人們可以隨便交流，並新增講堂，用作舉行大型會議、講座和研討會。

新創企業Molecular Partners是生物科技園的成功案例，從事研發蛋白質，目的是把藥物遞送到體內藥效最佳的位置。[35] Molecular Partners與幾家藥廠達成研究協議，每份協議值約5000萬美元；並於2012年和美國愛力根公司（Allergan）組成聯盟，研發更有效的眼疾治療，此研究合作可帶來高達14億美元收益。

然而，生物科技園並不只是新創企業和大學主導計畫的天堂。2005年，瑞士羅氏藥業併購Glycart，該公司的使命是「成為世界領先的企業，研發抗體產品，滿足臨床需求，並改善療效。」[36] 上述的研究將會在生物科技園集中進行。諾華藥廠於2005年收購ESBATech公司，並進駐園區。ESBATech公司在很多眼疾的臨床前研究中均扮演重要角色。[37]

研究計畫、新創企業和大型企業設施湧現，使蘇黎世需要進行和波特蘭同樣的事：找方法拉近學界和業界，更好地交流資訊，制定合作計畫以建立智慧生態圈。為此，ETH設立了技術轉移部（Technology Transfer Department），以支援學生和教授發展商業項目；並於2012年試辦名為創新及創業實驗室（Innovation and Entrepreneurship Lab，簡稱ieLab）的育成中心， 協助學生學習創業，把他們的產品構思化為商業模型。創新及創業實驗室其中一個重點範疇為生命科學：分子生物學、生物科技、生物化學、藥劑學以及診斷學。若本科生有任何構想，可申請在實驗室工作，為期18個月。被錄取的學生可獲得15萬瑞士法郎的種子資本（約為16萬美元），享有免費膳宿，並可得到不同專家的建議和指導，解決法律、專利、財務和創業各方面的問題。

在蘇黎世，大部分推手都是生物學教授，雖然他們看到跨學科合作的需要，但還是難以勸誘學者和研究人員走出穀倉。在波特蘭，格瑞要面對同樣的問題，而他的解決辦法就是在河岸邊興建大樓，讓裡面的人不得不互相合作。先進的跨學科實驗室落成，兼具最新型的FEI顯微鏡，或許部分人仍然心存疑慮，但協議一經敲定，就把他們的疑惑一掃而空。ETH也採用相同策略。2006年，瑞士政府捐出1億瑞士法郎（1億70萬美元），在巴塞爾成立新大學。同年，身為分子生物學家的校長哈芬（Ernst Hafen）成立了跨學科的研究所，即系統生物學及工程學系（Department of Biosystems Science and Engineering），現時系內的生物學家、物理學家、化學家和電腦科學家會緊密協作，進行大數據研究。[38]

與某些曾為鏽帶的城市不同，蘇黎世的智帶並不需要大幅改善城市的環境。年齡30到40歲的專業人士，不論是瑞士人或外國人，都喜歡在蘇黎世工作。「老實說，」詹尼說。「瑞士的確舒心宜居。」

「生物薩克森」：政府如何激發私營活動

薩克森是前東德的一個州，首府為德勒斯登，在共產時期吃盡苦頭，直至1989年柏林圍牆倒下。過去共產政權不允許自由企業和私有產權，換句話說，當地的市場經濟需要從頭開始。所幸，資深的政治領袖比登科普夫（Kurt Biedenkopf）由1990至2002年期間出任薩克森州長，他十分注重基礎研究，並以此發展經濟。

在基礎研究方面，薩克森州擁有豐富的歷史，但比登科普夫希望在此一傳統之上建立新的經濟秩序。他聰明地下對了注。如在第二章所見，德勒斯登現在擁有全歐洲最大的晶片生產用地。但比較少人知曉的是——我們也是在第一次到訪時才知道——德勒斯登和鄰近的萊比錫同樣發展了生命科學智帶。

德勒斯登努力耕耘，希望喚醒「睡美人」。帶頭的人是荷夫曼（André Hofmann），他是能源工程師，30多歲，也是生物薩克森的執行長。生物薩克森成立於2009年，目的是促進生命科學產業的發展。[39]我們與荷夫曼見面時，發現扮演連接者的竟是一位年輕人，不但出乎意料之外，甚至可說是嚇了一跳。我們見過的連接者通常都是商人、管理層人員、政客或科學家，均有多年實戰經驗，有廣大的人脈，同事及合作夥伴眾多。

但對任何連接者來說，荷夫曼的個人特質都是重要的資產——那就是同理心。**同理心可以使不同的人才、企業和機構匯聚一起，即使各方常常有不同的意見和利益，甚至互有衝突，依然可以團結起來，重新建構鼓舞人心的身分認同。**荷夫曼曾生活在共產和資本主義社會，當我們問及他在這兩個政治制度的生活經驗，他就展現出他富有同理心的一面。1989年柏林圍牆倒下時，荷夫曼正讀小學。他讚揚小孩在共產時期都會互相扶持。隨著時下的競爭，以及個人主義更受重視，這種群體的凝聚力已被消磨侵蝕。然而共產時期的生活絕不美好。荷夫曼記得，因為父親不是共產黨員的緣故，兄長不能上大學。七年後，到荷夫曼準備上大學時，他已經有選擇的自由了。

德勒斯登建設生命科學智帶的過程與波特蘭有相似之處。在俄勒岡州，奈特的善舉催生了如研究設施之類的新基礎建設，並吸引了更多科學家。在德勒斯登，政府1億歐元的投資也有類似成效。

1990年代後期，薩克森州的科學家和企業家看到生命科學產業的龐大商機；到了2000年，州政府提供了2億歐元建造所需的設施，吸引了頂尖的生命科學研究人員。這筆資金由薩克森州西部的萊比錫和中部的德勒斯登平均攤分。

以上的激勵因素在兩個城市均收到突飛猛進的效果。2003年，「萊比錫生物城」（Bio City Leipzig）育成中心成立，[40]很快就有40家新創企業和生物科技服務公司進駐，並有六名教授在育成中心內的實驗室進行研究；此外，新創企業也獲得技術轉移機構萊比錫生物網絡（Bio-Net Leipzig）的支援。[41]看見育成中心的成功，萊比錫市與州政府共同提供額外2億歐元支持生命科學產業。

2005年，萊比錫大學醫學院開展了十分令人振奮的計畫，創立了電腦輔助手術創新中心（Innovation Center Computer Assisted Surgery，簡稱ICCAS）。[42]中心的使命是匯集不同學科的科學家進行研究，包括工程學、材料科學及醫療科學，以實現共同目標：發展新一代的未來手術室。ICCAS成為「模組自動化與整合」（model-based automation and integration，簡稱MAI）研究小組中的主要機構，該項研究計畫旨在「整合標準的病患及流程模型，以供外科醫師在手術前及手術中使用」，亦即制定標準的手術方法，發展腫瘤科的病患及流程模型。[43]

在德勒斯登，重點則放在分子生物學。西蒙斯（Kai Simons）是該城市的研究工作背後的推動力。他出生於芬蘭，既是醫師也是生物學家，在海德堡的歐洲分子生物學實驗室（European Moleular Biology Laboratory）擔任研究小組組長多年。[44] 1990年代後期，他和幾個同事合作，計畫成立分子細胞生物學和遺傳學中心，該中心隸屬德國的非營利機構普朗克研究院（Max Planck Institutes）。新設施的關鍵特色在於開放予其他大學、研究院和營利企業——簡言之就是智力共享機構。

西蒙斯和其同事考慮過不同選址。他們決定不選海德堡，因為他們認為智力共享的概念在這座傳統的城市不會奏效。不過，他們知道薩克森州有意發展生命科學，所以德勒斯登在考慮之列，但問題在於德勒斯登沒有進行分子生物學研究的歷史。[45] 後來他們釋除了疑慮，因為德勒斯登非常支持共享知識，並予以重視，薩克森州政府願意投資1億歐元——這是強大的誘因。1998年，普朗克研究院分子細胞生物與遺傳研究所（Max Planck Institute of Molecular Cell Biology and Genetics）在德勒斯登正式成立，選址易北河岸（Elbe），鄰近德勒斯登大學的醫院；[46] 2004年，另一所生命科學創新中心Bioinnovationszentrum遷移到附近；[47] 2009年，生物薩克森在同一座大樓裡設立辦公室。生命科學產業的活動都集中在附近一帶，所以人們稱該地區為「生物城」（Biopolis）。

德勒斯登的普朗克研究院促進了生命科學智力共享的新計畫。物理學家、生物學家和醫師緊密合作，研究由四家院校的同事統籌：理工大學、醫學院、大學附屬醫院（University

Hospital Carl Gustav Carus）以及亥姆霍茲研究院（Helmholtz Institute）。2005年，普朗克研究院開展了跨學科研究計畫OncoRay，推廣個人化的癌症放射治療。48 薩克森州政府、柏林的聯邦政府和位於布魯塞爾的歐盟均有給予OncoRay資助。

2006年，再生研究中心（Center for Regenerative Therapies，簡稱CRTD）在德勒斯登成立，此一跨學科網絡進一步刺激了智力共享。49 雖然由理工大學管理，但中心實際上獨立營運，並與其他研究院有密切的合作，包括其他普朗克研究院（數目有很多，每所都側重於不同學科和研究範疇）和伯格曼生物材料中心（Max Bergmann Center for Biomaterials）。50 另外十幾家企業也有參與其中，包括諾華、安進、凱杰和百靈佳（Boehringer）。

薩克森的生命科學產業一直發展至今。2014年，大學附屬醫院增建新設施，以容納雷射粒子加速器。有了這個先進設備，治療就可以準確狙擊癌症細胞，只會輕微損害健康組織，甚至不會造成任何傷害。

但過去幾年，生物薩克森的荷夫曼看見還有很多美人尚未睡醒，所以發起了Bioconnection，向投資者和其他公司介紹新創企業。51 在Bioconnection 的首次大會，60位研究人員在輕鬆的場合輪流向觀眾推銷，每人限時十分鐘。大會亦有舉辦工作坊，讓企業家向科學家分享業務經驗，也有展覽讓企業展示工作成果。

薩克森有所作為，並非只靠生物薩克森或侷限於生物城地區。索吉布爾（Wilhelm Zörgiebel）是卓有成就的企業家，他和德勒斯登大學醫院的醫師攜手合作，創立了Biotype公司。[52]以往的DNA鑑定需時四星期，但他們研發了一種測試方法，可在一天之內得出結果，使鑑定時間大幅縮短。除了自行創業外，索吉布爾還把一家舊家具工廠改造成生命科學企業育成中心，位置在德勒斯登北部的國際機場附近。在那裡成立的企業有50家，目前員工超過400人。索吉布爾擁有其中兩家新創企業：Qualitype公司開發應用軟體改良法醫學研究、Rotop則研發核醫學診斷產品。[53]

荷夫曼表示，對薩克森的成績感到滿意，然而若要世界認同薩克森地區，視之為重要的生命科學智帶，就仍要付出許多努力。2000年以前，該區還沒有任何生命科學的發展活動。15年之內，有100家生命科學企業成立，有生物科技公司，也有製藥公司。這是薩克森的一大特點：薩克森並非嚴重衰退之後重生的鏽帶地區，而是從頭創造的美人。

奧盧：從無線通話到連線保健

1990年代後期，每當瑞典的手機製造業領頭羊愛立信（第三章也討論過）和芬蘭的神奇小子諾基亞，正要公布季度業績報告，瑞典財經刊物《產業日報》（*Dagens Industri*）編輯區的場面就活像迎來球賽末段的體育酒吧，多於像報社辦公室：大家興奮不已，搞得鬧哄哄的，期待宣布完場比分。當然不是要看哪一隊進球較多，而是哪一家公司的手機銷量較高。十年後，三星和蘋果取代了兩家北歐的公司，成為全球領先的手機製造商，諾基亞的大本營奧盧地區需要尋找新的焦點，最終找到了無線健康照護設施和器材。

波斯提（Harri Posti）是奧盧大學無線通訊中心（Centre for Wireless Communications）的總監，1989年從奧盧大學畢業後即加入諾基亞。諾基亞以奧盧為研發重鎮，皆因芬蘭政府提供誘因，鼓勵諾基亞在當地開設電纜公司。諾基亞的成功刺激了芬蘭快速轉型，由傳統工業如造紙業過渡到高科技產業。波斯提新入職時，諾基亞還是一家年輕企業，大膽進軍新興手機市場，[54]大部分的工程師20歲出頭，經理都是30來歲。諾基亞全盛時期在奧盧聘用了1萬5000名資訊科技人員。奧盧可說是早期的智帶，但後來錯失了智慧型手機的良機，像鏽帶般陷入衰退，影響到整個智慧生態圈，令人們十分擔憂奧盧的前景。就如隆德－馬爾默和三角研究園區，奧盧經歷了兩次轉型：本是農業和傳統製造業中心，後來走向下坡，捲土重來成為科技智帶，再陷入困境，繼而轉型從事不同的智帶活動。

好的工程師和進取的企業家不一樣。所以諾基亞被迫辭退員工時，不但給予他們兩年的資遣費，還為部分工程師提供一筆種子資本，協助他們創業。「諾基亞失敗是好壞參半，」波斯提解釋。「奧盧損失了幾千個就業機會，但留下了很多基地站和射頻（radio frequency）技術的人才。」[55]

芬蘭人向來堅毅，把諾基亞突然崩潰的影響化為多家新創企業，既有從事資訊科技，也有從事醫療技術和潔淨科技行業。諾基亞沒有把專利出售給微軟，因此擁有穩健的現金流支撐業務，並重新命名為諾基亞通信（Nokia Networks），專注於智慧網路——物聯網的基礎。

今天，奧盧再次引起《產業日報》編輯的關注。奧盧位於拉普蘭（Lapland）和北極圈的正下方，從前是個寧靜的鄉郊小鎮，歷史上以為英國皇家海軍（British Royal Navy）生產帆船和焦油見稱。當地的鵝卵石小徑、自行車道和傳統木造房屋，與現代芬蘭建築並置相映，給予人假象，讓人看不出奧盧已轉型為高科技樞紐，擁有世界級的研究中心。

奧盧大學位於奧盧市郊，建築物矮小，四周樹木林立，旁邊是新創企業組成的商業科技園，就在諾基亞的研發中心附近。大學共有1萬7000名學生和5000名教職員。現在，大批來自世界各地的外國學生前來奧盧讀書，擠滿街頭和當地的聚會場所。

古希臘的雅典衛城（Acropolis）是首都雅典的核心和要塞，諾基亞與奧盧大學和有遠見的市政府合作，創造出現代的衛城，為新創企業建造避風港。

Technopolis科技中心由兩個商業園組成，提供空間予奧盧大學的科技研究人員和應用科技大學的教職員，共享智力，交流實用技術。

新創企業也獲得其他支援，包括一家職業訓練中心、幫助企業應用最新技術的非營利公共機構VTT國家技術研究中心（VTT State Technical Research Centre）、管理及技術培訓學院（Institute for Management and Technological Training）和企業育成中心奧盧創新公司（Oulu Innovation Ltd）。

奧盧開展了相當多的活動，大多數都與生命科學有關。WellTech Oulu是奧盧大學下屬的研究院，負責統籌科學、醫學和科技等學系進行的研究，也和企業密切合作，推動和改善教學。[56]奧盧目前擁有一家大型的教學醫院和四家醫學中心。

奧盧的生命科學產業每年有30到50家新創企業成立，芬蘭的醫療器材產業在2012年的增長達20%，超過全球平均值的5%。增長率如此大，部分原因是歐洲和美國食品藥品監督管理局審批醫療器材的過程比預期順利。過去新器材通過審批可能需七年之久，但最近一款心臟監測器不到一年就獲得批准。

一如其他智帶，奧盧的發展是憑藉以前打下的基礎：諾基亞時代累積下來的無線技術專長。後來奧盧走出原來的應用範疇，把知識用於新興的生命科學研究。帕爾曼（Tuula Palmen）是奧盧商務（BusinessOulu）生物健康聯網的總監，她認同諾基亞的衰退激發了醫療科技領域的創新。「我們現時的目標是結

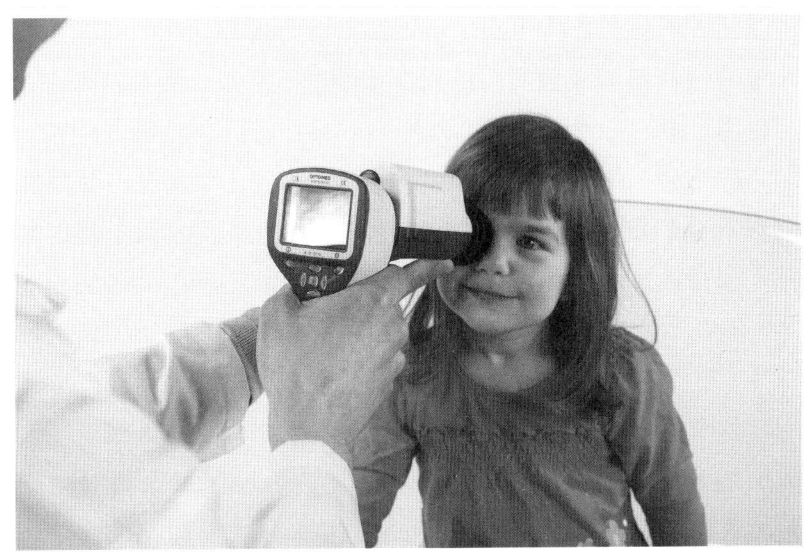

Optomed的Smartscope視網膜成像儀。圖像來源：Optomed

合先進的醫療技術和尖端的手機科技，」她告訴我們。[57]

奧盧生命科學智帶的成員意識到，健康照護服務必須切合使用者的需要，而他們的做法就是盡量讓病人對自身的健康負責。新創企業iSTOC開發的軟體可以讀取檢測試紙，以使用者的智慧型手機即時分析試紙持續監測的生理參數。透過智慧型手機傳輸的即時醫療指導，病人（或護士，若在場的話）可以就地進行大部分的例行檢查。iSTOC聲稱，整體成本可因而降低70%。[58] Odosoft公司研發了一款胎兒監測器，讓懷孕的母親得以檢查胎兒的心率，配以智慧型手機應用程式，可將懷孕期間每週的資料製成圖表。Spektitor的監測器可以量測成年病人的心律，適用於急症或其他診別。Polar Electro則生產內置心律監測的腕帶、腕錶和智慧型手機。Otometri公司的執行長漢努拉（Manna Hannula）的子女經常耳朵發炎，這驅使漢努拉與奧盧大學醫院及應用科技大學緊密合作，研發了家用的耳炎偵測器。現在，偵測器廣為芬蘭醫師採用，以減少使用抗生素治療耳炎，畢竟有八成的個案都無須用上抗生素。

從構想生命科學產品到準備投產，當中的過程艱難，為瞭解上述企業如何著手，我們拜訪了Optomed。這家新創企業設計和生產了一款名為Smartscope™的手持視網膜成像儀。創辦人科普薩拉（Seppo Kopsala）現年35歲，語調溫和，為人低調，但做事認真且有決心。他和拉普蘭大學的醫師布魯奧斯（Markku Broas）希望研發一款儀器，可以取代一般昂貴又笨重的桌面成像儀（令人想起李拉海和他的心律調節器）。Smartscope™的性能出眾，便於攜帶又用途廣泛，與現存的成像儀比較，就有如智慧型手機和桌面電腦。中國和印度的農村地區幅員廣大（而且落後），遠距診斷十分重要，因此兩國已表示對Optomed的掃描器有興趣。西方的醫師起初無意使用，令投資者感到擔憂，但很多醫師隨後改變主意，Smartscope™逐漸獲得肯定。

科普薩拉和很多新創企業創辦人的故事相似。他起初加入研發早期智慧型手機螢幕和用戶介面的芬蘭公司MyOrigo。三星和蘋果對技術不感興趣（賈伯斯說：「我們不想花時間在手機上。」），MyOrigo最終倒閉。科普薩拉明白，即使有好的構思和可用的原型，真正的工作才剛要開始。科普薩拉的醒悟對他創立Optomed大有幫助，過程中他解決了幾個技術問題，還不止一次差點破產。

除了個人才能——創意思考、開朗樂觀、堅持不懈之外，企業家還需要有政府的幫助、市場行銷的夥伴，還有最重要的金錢。 科普薩拉以為可以在兩年內用100萬歐元研發出原型，其中一半資金由芬蘭的國家技術創新局支付，但結果卻花了五年時間，用了1千200萬歐元，才交出有力說服潛在客戶和合作夥伴的原型，而且公司共用了八年時間才達致財務穩健。

在那段日子，科普薩拉花了七成時間與潛在投資者商談。2010年10月，他的同事完成了光學設計出色的原型，科普薩拉便用了最後一筆資金到美國和福科光學（Volk Optical）公司見面。福科是一家知名的鏡片生產商，總部設於克里夫蘭（Cleveland），一直考慮選擇Optomed為供應商。科普薩拉與福科的執行長和技術長走訪美國各地的診所，向眼科醫師和視光師示範，並請求大學教授宣揚產品。「我歷盡艱辛，」科普薩拉憶述，但他最終說服了福科。[59] 福科取得北美洲和南美洲的獨家分銷權，其英國母公司Halma Plc投資了200萬歐元把產品推上市場。

2011年春季，Optomed推出了首個可行的商業產品，雖然未盡完美，但也為市場接受，尤其是兒童眼科醫師，他們喜歡使用手持產品診治兒童，因為小孩總是不願在傳統的視網膜掃描器前坐好。部分醫師在發展中國家的村落外篩檢眼疾，產品同樣受他們和新興市場的客戶歡迎。印度的亞拉文眼科醫院（Aravind Eye Care System）進行的白內障手術比世界上任何企業都要多；亞拉文希望成為「眼科手術的麥當勞」，利用Optomed的手持掃描器提高手術的效率，猶如一條生產線，把一般程序所花的時間減至兩分鐘（通常要40分鐘），並將成本降低了99%。

今天，Optomed銷售額增長，漸漸為人所知，成功吸引歐洲各地的企業合作，夥伴又有美國的福科、歐洲的蔡司和日本的佳能，這讓科普薩拉充滿信心，認為公司的前景一片光明，有力衝擊生命科學產業的市場。他也認識到智力共享的概念。雖然他原先假定產品會在中國或泰國製造，但他開始在奧地利生產，稍後更會移到奧盧。為什麼？「工廠需要靠近設計Smartscope™的工程師，」他說。「需要大量的工程支援，產品也必須盡快上市。」

風險與潛力

雖然人們對醫療器材的發展很感興趣，尤其是可穿戴裝置，但也有相當的擔憂和遲疑。所有那些數據會怎樣處理？透過政府和保險計畫付費又如何？

儘管如此，生命科學和醫療器材都急需創新，也有大好商機。今天，美國和歐洲北部在醫療器材產業領先全球。雖然橡膠手套、溫度計和針筒等簡單的醫療產品可以在很多國家製造，但西方企業主導了複雜和高增值的醫療器材生產，例如心律調節器、義肢、醫療填充物和醫療機器人。在生命科學的領域——或許比任何產業更甚——聰明勝於低廉。

生命科學產業憑藉聘請有創意的人才、薪金優厚、推動生產總值增長、出口強勁、創造就業、積極創新，享有良好聲譽。單在美國，就有超過40萬人受僱於醫療器材產業，大部分都是高薪高科技的工作（雖然相當多的組裝工作都外包到墨西哥、愛爾蘭、哥斯大黎加、中國和波多黎各）。全球46家最大的醫療器材生產商中，有三分之二的總部都設在美國，業界的企業總數達6500家。[60]美國有137家醫學院、近400家大型教學醫院都是產業創新的重要夥伴。[61]歐洲的生命科學產業也同樣可觀，就業人數超過57萬5000人，美國則有52萬人。超過2萬5000家企業有參與生命科學的工作，95%是中小企業，大部分都設在德國。這些歐洲企業每年的營業額達1000億歐元。美國占全球市場的39%，歐洲占28%，日本則占10%。[62]

沒有頂尖大學和世界知名的醫院共享智力，醫療器材產業就不會存在，因此產業都集中在各個知識中心，如前文所述的美國明尼亞波利斯和波特蘭，還有歐洲的重要中心，特別是蘇黎世、恩荷芬、德勒斯登和奧盧，以及劍橋／波士頓和矽谷的知名中心。

如果生命科學產業要沿這條成功的道路走下去，必須解決幾個重要問題——事實上，這些問題也會影響到所有我們討論過的重點領域——包括政策、教育和培訓、資金、基礎建設和文化。

第 5 章

更聰明的世界

智力共享如何應對 21 世紀新挑戰

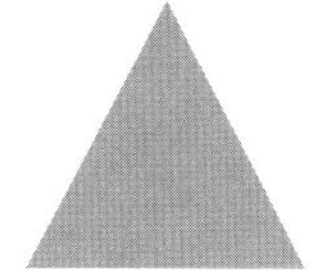

世界各地的創新區和智帶正創造未來。有的地區我們已探訪過，在書中討論分享；有的只提及其名，未作詳談；而更多區域目前正在形成，還未興起。這些智帶和創新區帶來了難以計數的機遇、變化、挑戰和問題。這些高容量晶片、新型材料和生物科學發現，將如何改變我們的日常生活、工作方式及所處世界？能否讓人們做事更有效率，生活更快樂？能否減輕社會壓力，減少社會不公？能否扭轉20世紀以來的郊區化趨勢，創造運作更順暢的城市？能否減輕氣候變化帶來的消極影響，解決全球人口高齡化帶來的挑戰？

許多人擔心，科技進步解決許多困難的同時，也帶來同樣多的問題。但我們堅信，相比以傳統、封閉而孤立的模式發展的企業開發的產品，智帶研發的智能產品，單論其開發過程，更傾向於解決問題而非製造問題。因其在整個過程中已吸取多方意見，融合多個學科，各方相輔相成，又相互制衡。

本章將展示，智力分享型企業構想創造的新型智能產品、服務及技術，如何幫我們應對當下面臨的重重挑戰。這些產品技術的影響，有的已是有目共睹，有的僅需合理推測。**我們將探討五個關鍵領域：住房與社區、辦公與工作場所、城市與農業區、環境、交通運輸。藉助智能產品和服務，21世紀上述領域的問題就能迎刃而解，創造美好的烏托邦嗎？不盡然。此類產品服務的生產過程，會否直接造成新問題？好比大規模的生產方式，即使能滿足人們的重要需求，亦會危害環境及人類健康？有可能。但是，要**

解決已知的21世紀問題，此類產品是否貢獻極大？我們相信，答案是肯定的。

智能能源與氣候變化：消費者變生產者

過度依賴能源，很可能導致氣候變化。減少能源依賴，即使算不上21世紀最大的挑戰，也是一個極大的問題。只有讓所有家居、建築、飛機、汽車和機器更加節能，同時使用更多太陽能、風能、生物燃料和其他可再生能源，並降低能源成本，才可能減少能源依賴。結合新能源和新儲能技術，所產生的利潤，將遠超過任何單獨一項技術進步實現的利益。從哈德遜科技谷到羅里和波特蘭，從德勒斯登到奧盧，我們目睹當地研究人員和新興企業努力不懈，提高了能源利用率，最終還將能源消費者轉換成生產者。譬如，在北卡羅萊納大學的世紀理工學院（Centennial College），瑞士－瑞典合作公司ABB和該校研究人員目前共同開展研究項目，開發智慧電網（Smart grid）的網格；在德勒斯登，一批企業著手聯合國贊助的研究項目，研發節能型晶片和感測器。

2014年，忽然有跡象表明，氣候變化研究似乎有所進展，讓人喜出望外。世界首次見證二氧化碳排放率零增長，且該零增長與經濟衰退無關。這一進步主要是因為發達經濟體提高了能源效率，同時中國和其他新興經濟體奉獻更多，收效甚豐，且可再生能源技術的作用愈來愈大。[1]

能源效率的提高，意味著汙煤（sirty coal）能源到頁岩氣（shale gas）能源的轉變，至少在美國便是如此。[2] 同時，可再生能源成本的持續下降，尤其是太陽能電池板、風力渦輪等成本下降，將根本轉變能源供應方式，改變能源消費對地球的影響。極其節能的LED燈、伺服器群（server park）與暖氣系統的預熱技術、利用感測器與數據分析精細校準的空調、更先進的電池蓄電技術、分布廣泛的家庭建築發電技術等等，所有這類技術進步都可減少能源需求。可再生能源系統，如光電廠（photovoltaic farm）和風力發電廠等，都會增加供應量，這些系統在很多領域都有價格優勢，逐漸成為更經濟、大規模的供能備選方案。

電網也應更加智能，並逐漸發展成混合產物，傳統的電力使用者也會變成電能生產者。個體、企業甚至汽車都能夠發電或蓄電，有時可將多餘電能傳輸回電網，有時若電能不足，又可以從電網購買能源。家居和建築若安裝太陽能屋瓦和玻璃窗，結合低成本電池蓄電系統，對電網智能化大有幫助。[3]

特大規模電池蓄電技術能否迅速被市場接受，還有待觀察。通用電氣在美國斯克內克塔迪鏽帶的中心成立了GE儲能工廠（GE Energy Storage Plant），該地曾生產過GE渦輪機。該公司希望至2020年，旗下電池產業能創造1億美元收入。2013

年8月，我們參觀了這一工廠，並會見了總經理羅根（Prescott Logan）。羅根對自家生產的獨拉松（Durathon）鈉氯化鎳電池的前景充滿熱誠。[4]羅根相信，這款電池有潛力創造重要的利基市場，成為移動通訊基站和風車的備用能源系統，用於微型電網和太陽能儲存。但該公司技術夥伴則表示，該商品銷售效果並不理想，不得不停產。雖然美國的一些州，包括加州和紐約，都奮力爭取授權，要求到2022年，所有太陽能發電設施都必須配備有百萬瓩儲存的電池，但採購進度依然緩慢。

數千名研究人員都在尋求電池技術的進步，但難求突破。蔣業明（Yet-Ming Chiang）是麻省理工學院材料科學和工程的教授，同時也是24M公司（24M Technologies）的首席科學家及合作創始人。他另闢蹊徑：發明一種更簡單經濟的鋰離子電池生產方式，還能讓電池更堅固耐用，提高效率。蔣業明已獲八項專利，成功籌集5000萬美元創投資金，並獲得能源部撥款450萬美元。逾1萬名用戶正在測驗他的發明，他本人也非常希望2017年該電池能正式投產。[5]24M公司將首次為智慧電網生產電池，但長遠而言，該公司更想攻占電動汽車市場。卡內基美隆大學的維斯沃納森（Venkat Viswanathan）教授相信，正如「小型鋼廠破壞了聯合鋼鐵廠」一樣，24M的發明將破壞電池製造業。電池生產時間將縮減80%，生產成本降低超過一半；成本時間的縮減，能讓配備該電池的電動汽車，和使用碳燃料的汽車相比，不相上下。[6]除此之外，巨型電池也是促進當地能源生產業發展的一大發明。這種電池大如冰箱，特斯拉（Tesla）汽車公司正在增產。殼牌公司表明，在風能或太陽能豐富的地區，這種電池的前景十分光明[7]。

電動汽車電池或對電網產生極大影響。2009到2012年間，丹麥研究人員進行一項名為「愛迪生」（Edison）的研究項目，評估多種汽車給電網回輸電能的方法，簡稱汽車－電網技術，英文簡稱V2G。[8]研究隊伍由IBM、丹麥的東能源集團（Dong Energy）、西門子及博恩島（Island of Bornholm）當局共同組成。博恩島靠近丹麥海岸線，因島上有專用可再生資源，該研究就在島上進行。研究人員試圖將風力產生的多餘電力，儲存到電動汽車電池內，驗證是否可行。當電網需要電力時，若車主將電力傳輸回電網，就能獲得一定補償。

該系統雖然尚未正式運營，但的確可作範例，證明電力工業最終能夠發展為分散型電網系統。這「最大塊的蛋糕」，不依靠傳統公用事業，而是靠個體家庭和企業消費者構成的網絡生產。大家發電，不僅供自己使用，還可以供給電網。公用事業的角色將因此徹底改變，負責維護電網系統穩定，實現能源二次分配，而非負責發電；只有電力供需失衡、需要調整時，才會負責發電。

這一新興市場趨勢，促使德國能源生產商RWE在2014年整頓內部，將傳統的發電設備合併改造為分隔的存儲設備，並轉變公司核心任務，專注於可持續能源的生產。其他公用事業公司也同樣應該重新審視公司的任務、架構和流程，才能適應消費者身兼商業夥伴這一轉變，從而在新世界中繼續存活。在新世界中，能優化分配的感測器和數據分析，遠比傳統的集中發電設備重要。在美國和歐洲的幾個城市，人們已經成立了合作機構，努力讓能源項目創造收益，提高成效。隨著愈多生產者加入，合作機構將改變現狀，減少對津貼補助和激勵獎金的依賴。當類似合作機構逐漸擴張甚至普及，大家也減少對碳源燃料的依賴，所有的能源政策、商業模式、收費制度無疑都將徹底改變。當年行動電話出現，打破傳統的電話網絡時，通信市場也曾經歷類似轉變。

汽車行業：重新設計，大勢所趨

若要調查我們即將面臨的挑戰，少不了一個最顯著也最普遍的問題：交通，尤其是汽車交通。在2013年7月的亞斯本論壇（Aspen Ideas Festival），身為矽谷創投家的億萬富翁杜爾（John Doerr），在組織討論時，向四位年輕的工業設計師拋出了一個問題：「哪一項日常科技，經過徹底重新設計以後，獲利最多？」

有人會馬上回答：「汽車技術。」

我們調查時也發現，對汽車的改造，或者說對整個運輸系統的改革，其關鍵在於世界各地智帶研發的先進晶片和新材料。類似智帶有谷歌加州實驗室、特斯拉和蘋果；優步公司（Uber）還聘請了匹茲堡（Pittsburgh）的卡內基美隆大學的前任機器科學家；還有一些汽車研究中心，如賓士（Mercedes）、BMW、豐田（Toyota）等。

數十年來，擁有轎車一直是中產階級財富的象徵。但階層分明、高度封閉、堅如磐石且拒絕合作的企業群體，實施了大規模的生產，再加上20世紀私有燃氣汽車的普及，給21世紀帶來了許多挑戰：城區道路極其擁擠；交通阻塞讓人麻木（某些研究更指出塞車有害健康）；每年超過100萬人因交通事故喪生；溫室氣體大量排放，導致氣候變化和全球變暖等等。

汽車作為私人交通工具無可厚非，但相關問題不可忽視。據估計，大概四分之三的車主單獨駕車，而汽車油箱中只有1%（1%而已！）的汽油，用來將車主從A地運往B地。而剩下99%的汽油，是為了提供能量，推動重達1800公斤的「鋼鐵塑料玻璃容器」上路行駛。此外，一輛轎車大部分的時間，都閒置不動。即使在使用最頻繁的時段，比如早上、下午等高峰時期，路上八成的汽車都靜止不動。徹底改造汽車，或者說改造交通系統，其實需求極大，且亟待處理。

新一代汽車的創造，無疑是需要智力共享的產業活動。其發展過程，必然會集聚資源豐富的知名公司，擁有專研專家的小型企業，踐行高效、工作負責的政府單位，研究深入且有所突破的教

育機構，先進的製造設施，以及多位謹慎精明的領導人，將這些毫不相干的單位組合成積極主動的生產團隊。類似活動比比皆是：加州蒙坦夫由（Mountain View）及匹茲堡的谷歌；加州帕羅奧圖（Palo Alto）、夫利蒙（Fremont）的特斯拉；斯圖加特的賓士；艾克朗大學的聚合物項目（polymer initiatives）等。

毫無疑問，我們必定能創造新一代汽車；在此方面，我們已取得很大進展，即將實現夢想。一切乃是意料之中。智能技術用於汽車製造早有先例：1970年代早期，就已發明防鎖死煞車系統（Anti-lock braking system）；如今，更發明了互動儀表板顯示器（interactive dashboard displays），後視攝影機（rear-view cameras），全球定位系統（GPS）等。特斯拉[9]、賓士、富豪（Volvo）和BMW等公司，將全球定位系統、雷達和感測器相結合，以實現更廣泛多樣的功能：如讓汽車間保持固定距離、路邊停車、自動修正拐彎、或是讓汽車在車主察覺到之前，就能探測到騎行者或行人，提前煞車。谷歌等剛開始進軍汽車行業的企業，與當地大學、研究中心、晶片製造商及大數據統計工作人員緊密合作。

如今發明了自動化汽車，即「無人駕駛」汽車。2004年，美國軍事主要研究機構——國防高級研究計畫局（DARPA）[10]，創辦了機器車挑戰大賽（Grand Challenge），啟動無人駕駛汽車的研發。這一開創性的競賽，讓史丹佛、卡內基美隆、麻省理工等大學在內的學校研究人員，與通用汽車（General Motors）、福斯集團（Volkswagen）等主要產業的選手組隊合作，製造參賽汽車原型，以實現一系列宏大的設計構思。但結果證明，該項挑戰過於困難，竟然沒有一輛無人駕駛汽車成功完成莫哈維沙漠（Mojave Desert）241公里的賽程。開得最遠的無人車原型，僅僅駛出了12公里。原本第一的車輛，沒能順利繞過彎道，被困在一塊岩石上，只能認輸。那一年，100萬美元的現金大獎從缺。

2005年，美國國會加碼將獎金翻倍，提升到200萬美元，以鼓勵選手參加機器車挑戰賽。結果的確鼓舞人心。史丹佛及卡內基美隆所在團隊引領的五輛車，成功駛過全長213公里的賽道。賽道包括狹窄的隧道，蜿蜒的山路，還有超過100個彎道。在這兩屆挑戰賽過後，谷歌掀起無人駕駛汽車改革，在挑戰賽汽車原型的基礎上，研發出首輛功能全面，且能在街上合法行駛的汽車。2007年，谷歌聘請了索恩（Sebastian Thrun）。索恩在2005年機器車挑戰大賽中，帶領史丹佛所在的冠軍隊伍，研發了獲獎的機器汽車。谷歌還聘用了這支隊伍的其他工程師。機器車挑戰大賽仍繼續舉辦，並在2007年選定了97公里左右的城市賽道，而非沙漠賽道。

然而，即使谷歌反復遊說，直到2011年，美國內華達州才制訂了第一條相關法案，允許自動汽車在公共道路上合法行駛。2012年，佛羅里達州和加州也推行類似法律。從那以後，由12輛試驗車組成的谷歌自動車隊，行駛了長達128.8萬的里程。在舊金山，車隊克服了交通壅塞，成功繞過急轉彎，還開上了高峻陡峭的山峰，從未發生過一次事故。但仍有一些問題亟待解決，如交通信號反應問題，以及積雪街道的行駛問題。

谷歌已做好準備，要顛覆我們對汽車的看法。2014年5月，《紐約時報》（*New York Times*）就此進行參訪。[11] 受訪者谷歌汽車項目領導人厄姆森（Christopher Urmson）表示，公司早已按照初期重點計畫，從零開始，重新研發了一款無方向盤的電動汽車，時速最高40公里，城市或城郊專用，不上高速公路。汽車導航使用了360度全方位探查、覆蓋廣度960公尺的先進雷達及感測器。乘客可以透過手機app設定目的地，只要汽車符合美國聯邦及各州法規，就能立即啟動上路。

由此可見，治理共享對智能汽車的開發而言至關重要。政府部門、學術機構、汽車技術公司相互合作，提供資金和最新技術，如感測器、雷達、晶片、無線裝備、高速電動引擎等。有這樣的合作和意志，實現智能、無人駕駛車將更近一步。

隨著汽車模型不斷進步，新模型相繼研發，此類汽車可能都有一個共同重要特性：他們都靠電力驅動。特斯拉公司以支持此論斷著名。該公司的全電動轎車，在世界汽車行業引起不小騷動。特斯拉在美國各地設立了免費超級充電站，還宣稱近年將在中國設立400個類似的充電站，以改變其在亞洲市場的平淡表現，促進銷售。[12] 在某些歐洲國家，包括丹麥、瑞典、荷蘭，大城市的電動汽車基礎設施不斷完善。許多大型汽車製造商，花了數年的時間建立大家對電動車的熱情，如今逐漸靠電動車型獲得大家的支持。谷歌的無人駕駛車靠電力驅動；蘋果不甘落後，投入大量資源，僱用了1000名工程師，形成研究隊伍，研製電動無人駕駛車。[13]因此，我們幾乎可以確定，未來汽車都靠電力驅動。

在備選汽車模型，尤其是自動轎車的研發過程中，智力共享扮演重要角色。而且，我們更應該討論其在道路安全方面的重要作用。我們的主要目標是減少交通事故，更重要的是，希望將死亡人數縮減為零。要實現這一宏大目標，需要多方合作，共同奉獻。我們需要眾多數據流的擁有者及經銷商，提供交通和天氣信息；需要GPS軟體開發商；恩智浦（NXP）和英特爾等高靈敏度的檢測晶片製造商；多間技術型大學；蘋果谷歌等眾多科技巨頭；還有眾多汽車工業的領導企業，如通用汽車、賓士、富豪等。大家共同參與開發智能製造和管理的過程，才能保證自動汽車高效安全地運作。換句話說，這些自動汽車的設計研發其實一點都不「自動」——需要一個極度複雜、高度協調、共同合作且智力共享的生態系統，我們實地走訪，且在本書中描繪記錄的合作系統，就是範例。

汽車產業的這一轉變，生動闡釋了這些全然不同的新科技如何相互結合，創造出影響深遠的新典範，使其整體利益遠超個體利益之和。明天的汽車於今日截然不同：製造驅動、材料構成、購買持有、駕駛運作，都不一樣。這些改變繼而有助解決許多21世紀的問題：減少溫室氣體排放，以應對氣候變化；緩和愈發擴張城區的交通堵塞，以改變城市化進程；減少事故及道路死亡人數，減輕通勤壓力，提升高齡人口流動性等，以促進公共健康；讓人們以更低價格、更方便地購買更安全的汽車，從而增強社會凝聚力。

屆時，智能汽車將成為關鍵因素，創造更智能、高產、公平、安全的社會。

智能農場，離家更近

21世紀我們還將面臨另一個棘手挑戰：預計到2050年，在地球上生活的人口數將達90億，如何養活那麼多人？智力分享研發的科技，面對這一挑戰，扮演何種角色？隨著全球人口數量增加，依賴本地資源的生產需求也愈來愈大。新一代溫室、自動擠乳系統之類的創新科技，將從新定義糧食的生產方式和產地分布，從而滿足不斷增長的需求。許多全球領先的智能科技區也在鑽研這一問題，比如矽谷附近有大批科技新興企業，藉助無人機和大數據分析，幫助農場主提高產量；一些名氣較小的地方，如荷蘭的瓦赫寧恩（Wageningen），針對溫室未來發展展開大量研究；瑞典的隆德則專注研發擠乳機器人。

美國是世界上最大的出口農業食品生產國，出口量占世界總量的11.5%，這一點大家並不意外。但是，此方面排名第二的國家，的確讓人意想不到：居然是荷蘭。該國人口密集，面積極小，甚至比不上美國面積的0.5%，其食品出口量卻占了世界總量的7.5%。荷蘭表現如此突出，歸功於多個不同因素，包括荷蘭農業極高的生產力和生產效率，瓦赫寧恩的農業大學之間的智力共享和積極合作，農場主組織和私有企業之間的合作，加上有效的市場營銷等。

瓦赫寧恩大學（University of Wageningen）起初專為培養專業農場主而設立，大部分學生來自荷蘭。而如今，在農業領域的世界排名中，該大學排名第二，所有相關課程都深受好評，學校近半數的研究生都從國外而來。世上只有少數幾所大學，其學生可在任意一家歐洲教育機構轉換自己的學分，瓦赫寧恩大學便是其中之一。這所大學與當地最先進的農業研究所、瑞典及世界其他地方的農業研究所都有合作。瓦赫寧恩的研究員，不但積極探索荷蘭農業可持續發展的新方式，更根據氣候變化情況，力求解決中亞食品安全問題，同時努力探尋提高非洲產量的方法。他們還與植流電（Plant-e）等新興企業緊密合作。植流電公司正研究各類方法，希望利用正在生長的植物發電，而另一家麥克羅斯食品安全公司（Micreos Food Safety），正在研究用「有益」細菌代替抗生素的可能性。要完成這一研究，需要微生物群系計畫（Microbiome Project）提供大量數據支持。這項全球性的計畫專門描繪人體細菌的基因足跡（genetic footprint）。這些細菌遍布人體內臟，對人類非常重要。[14]

當然，荷蘭給人的典型印象，就是漫山遍野的鬱金香和黃水仙，國家也憑此聞名於世。但有很多刻板印象，雖不算錯誤，但也稍顯片面或早已過時。這一印象也不例外。如今，荷蘭生產的大部分花卉、植物、蔬菜都是溫室作物。

但這些植物與其他溫室作物不可相提並論。這些作物更為先進，藉「未來溫室」（Greenhouse of the Future）計畫培育生長。1997年，荷蘭政府與荷蘭種植商組織主張改革，希望減少汙染，提高能源效率，隨後成立了這一項目。計畫的初始目標是尋求方法，控制溫室內部溫度，適應不同作物的需求，同時，儲存溫暖時期的熱量，供天氣寒冷時利用。大家堅信，要實現這些目標，可以在蓄水層利用熱能儲存技術（thermal energy storage）存儲多餘熱量，並結合熱電聯產技術（co-generating heat and power），將熱能回輸網格。

這一理念最終發展成著名的「閉路循環溫室」（Closed-circuit greenhouse）。2001年，荷蘭番茄種植商西美多（Themato），是世界首個建立這種溫室的種植商。[15]隨後數十年內，愈來愈多種植商讓自己的溫室更新換代，使得如今花卉蔬菜種植商的發電量，達整個荷蘭的9%。

郝威林（Casey Houweling）原是荷蘭人，後移民到美國。當他打算在加州洛杉磯北部的一個城市開展種植業時，卻反映了一個新難題。郝威林請荷蘭公司庫博（KUBO）針對加州南部異常炎熱的環境，設計一間特別溫室。[16]庫博公司應其要求，鑽研溫室控溫裝置，利用風扇管控其內部溫度。2009年，此類倉儲以「超恆」（Ultra Clima）為名開放。如今美國猶他州、法國、斯洛維尼亞、墨西哥和俄羅斯，都在進行類似項目。郝威林種植的番茄，在全食超市（Whole Foods）的持續保鮮上，數一數二。因為全年不間斷生產，郝威林在加州的設備雖然僅有125公頃，但其番茄產量，竟相當於傳統3000公頃的農場在常規季節時的總值。而且，其溫室用水採閉環回收，這個特點對於水資源稀缺的加州而言十分重要。2015年9月，我們參觀了他的溫室。從洛杉磯出發，才一小時多一點的車程後，我們走進大型溫室，看到大片的成熟番茄，和周圍乾旱龜裂的土地形成強烈對比，的確讓人印象深刻。[17]

溫室還在繼續升級。溫室內部燈光的特性和強度，將大大影響溫室運作效果和作物品質。2014年，總部設在芝加哥的綠色意識農場（Green Sense Farm，簡稱GSF）和飛利浦宣布合作，共同發展戶內商業農場裝置，利用LED燈，將植物產量提到最高。[18]在此方面，飛利浦正鑽研燈光對植物的影響及增產作用。飛利浦園藝照明部主管斯盧丹（Udo van Slooten）透露，當每種植物暴露在其最喜歡的特殊波長光照下時，產量達到最高。他更解釋道：「針對不同植物種類，我們發明了不同光照『食譜』。[19]同時，合作夥伴綠色意識農場也在一間舊倉庫裡展開實驗，研究水耕生產技術。使用垂直疊層（vertical stacks），用礦物培養液代替傳統土壤栽培，還不需要任何直接日曬。透過多層疊加，這種方式將溫室內部容積利用到極致，從而增加產量，同時對有害殺蟲劑、肥料、防腐劑的也減少了。因此，所有植物都為有機生長，幾乎不含任何化學添加劑。對消費者和公共健康而言，都大有裨益。」

經重新設計的設施，可能讓每年收成次數，從2、3次，增加到20至25次，同時還能減少85%的能耗。食物不足的開發中國家以及加州等供水不足的州，應用類似設施後，將有力證明，「智能」不僅對製造業非常重要，對農業更是如此。「智能」讓農業更多產、更可持續、能效更高，還帶來額外好處，讓消費者能用超市的價格，享用本地生長的新鮮食品。

智能生產歡迎各種不同的解決方式，並不只依賴機械和電子生產。1990年代，大家推動乳業機械化改革，由此產生一系列進步，如發明乳牛個性化電子項圈，可以控制其食草習慣；還發明了第一台擠乳機器人。乳業領先公司有瑞典的利拉伐（DeLaval）和荷蘭的雷利集團（Lely Group）。[20]他們開發了自動飼養棚，用感測器監控和控制擠乳的品質，用自動導航機器人清掃地面，其他機器人則根據乳牛需要來分發飼料。在許多發達國家，類似設施已然成了業界定律，毫無例外。農場主可以數字化監測牲口，並管理掌握的信息，創造出更高效的擠乳設施。

乳業的生產收益和價值提升不限於農場；整個過程都經歷了改革。在荷蘭阿麥斯福（Amersfoort），我們會見了梅傑

（Emmo Meijer），即菲仕蘭（FrieslandCampina）的首席技術總監。[21]他闡釋了荷蘭在農業研究方面的全球領導力：「這個國家（荷蘭）對世界食品問題瞭解最深入，研究最先進。荷蘭的食品部門，2013年在食品研發上花了6%的銷售利潤，僅僅次於花了7%的丹麥。」[22]

菲仕蘭運用其專業知識，致力解決產量與品質平衡問題，該問題由來已久。比如，乳製品生產者至今仍致力生產牛奶、黃油、起司，產量愈多愈好，實際上卻降低了品質。以乳清為例，這是現今模式下牛奶生產的副產品，產量豐富、具有營養，在目前的生產過程中卻極少利用。2005年，菲仕蘭開創研究，探尋其他生產方式，以使所有產品的品質提高。

該公司提出了新生產方式，在一個試驗基地中，得到了積極的成果，證實了生產方式的有效性。隨後，公司在2010年啟動了批量生產裝置，專門「精煉」牛奶。將牛奶中的乳脂分離出來後，剩下的液體依次用孔篩從小到大過濾隔膜。首先，先篩去細菌、較大的微生物等物質，然後分別篩去酪蛋白、乳清蛋白和乳糖。梅傑說：「新的生產方式能製造出高品質的產品流，如酪蛋白用於生產起司，乳清蛋白生產速食品，乳糖為藥物生產作基本成分。」類似該公司牛奶精煉等技術，透過創新刺激效率增長，以保證有限的自然資源能夠滿足我們不斷增加的需求，實在意義重大。

智能農場這個極佳例子，展示了如機器人、感測器、清潔能源、水資源管理、生物技術和資訊科技等先進科技如何被整合利用，運用到集商業、本地社區、大學為一體的生態系統中，帶來巨大產品收益。創新技術如智能溫室、疊層水培生產、新一代光照系統將大大增加現代農場的效率，並且在實現食物本地生產、提高產量方面，扮演舉足輕重的角色。而且，此類科技將在世界各地廣泛使用。蔬菜和其他作物，可以在我們最大城市的中央倉儲或者屋頂上獲得，以滿足大家對本地生長作物不斷增加的需求，同時還減少使用化肥和農藥。對遠距離運輸的需求減少，從而降低了整個行業的碳排放。智能農場讓氣候炎熱的開發中國家有機會在任何地方生產本地新鮮的蔬菜，對解決21世紀如全球飢餓、食物短缺、分配不公等挑戰，貢獻極大。

智能城市：科技服務社區

城市化是21世紀一個主要的趨勢。城市人口、範圍、影響力都不斷增加，在一些新興經濟區依然如此。然而，如今城市的發展方式，與傳統定義的城市大不相同：恣意擴展大片區域，包含多個中心；分成許多截然不同的子區域，有富裕社區，也有服務匱乏地區；人口不斷增長，前所未有的膨脹。「老」經濟強國的「千禧一代」正推翻20世紀郊區遷移浪潮。城市化面臨許多巨大挑戰，包括住房、服務提供、食品生產分配、公共健康、甚至個人適應問題。本章討論的所有智能技術，包括能源、交通、食物生產、數據分析等，還有本書未提及的許多其他技術，都將在創造未來城市中發揮積極作用。

例如，城市的交通問題，不妨以一種「流動」的視角來思考：未來應創出一個系統，讓市民可更安全便捷地穿梭各地，還能配合規劃緊湊的城市，滿足幼兒長者的不同需求。與城區相比，郊區和農村的汽車交通問題看起來更加棘手。在城市某一區中，想要去往某地，要和不同工具不停「戰鬥」， 包括汽車、卡車、的士、巴士、貨車、火車、地鐵、自行車、三輪單車、摩托車、滑板、機動輪椅車、人力車甚至三輪汽車等。在某些城市中，設立了電纜車、公車捷運、電動步道、電梯，當然還有人行道。各類人行道寬度、路線、容量各異，沿街道鋪設，與交通堵塞和汙染鬥爭。我們應該追求新的產品和技術，透過更清潔、更小、更方便、更安全、更經濟的運輸方式，提升流動性；自動化汽車和共乘也是可行方案。

城市人口所需食品的生產壓力巨大：城市需要大量的食物，還要種類多樣、價格低廉、七天24小時不間斷提供，才能讓城市更加興旺、更有魅力。城市農業和本地農場主市場的興起，讓居民可以在公共空間購買到在地產品，有助提高飲食品質，增強社區歸屬感。在歐洲和美國，此類公共空間包括公園、交通樞紐、整個臨近街區等。振興這些公共空間，並重點減少犯罪，將徹底改變我們對城市系統與組織的想法，而且將顛覆我們對城市的定義。

重新設計公共空間，開拓空間新用途，已成為一合作型項目，需要藝術家、建築家、開發商、市民、商企還有本地政府人員的共同參與。例如，荷蘭的恩荷芬有個STRP的組織，設在飛利浦的一座老工廠Strijp，力求融合藝術、科學和社區。[23]為了實現這一目標，STRP開設了比耶納勒（Biennale）藝術與科技雙年展，還組織定期會議，讓高端的科技、藝術從業者共聚一堂，尋求解決方案，共創既有生產力，又有生產效益，還十分美觀的產品。

若想改善公共空間，另一個重要的因素是照明。通用電氣、飛利浦、前身為西門子的歐司朗（Osram）等公司目前正研發新型智能照明配置，適應性更強，能夠營造不同的光照環境；與傳統的固定裝置和燈泡不同，後者在面臨不同情況和環境時，靈活度低，無法兼容。這些公司正與政府和市民緊密協商，徵集解決照明的建議，希望能夠滿足民眾需求，在某一區域設置不同顏色、質感、強度的光，利用感測器整合系統，根據季節、每日時段、街道或廣場的熱鬧程度以及其他輸入參數調控照明裝置；尤重利用LED元素，與鹵素燈泡相比，LED燈運作起來更經濟實用。藉著共享經濟的東風，他們出借照明設施給市民。城市為能源消費賣單，照明提供者則負責維修升級設備。

智能城市有許多新興元素，如交通、能源管理、食品生產、基礎設施設計的新方式。只有城市各組織共享智力，這些新方法才能得以發明實現。我們相信，最終一定能讓大城市居民，尤其是年輕居民回歸「鄉村」心態。我們已將其視為「共享經濟」的一部分。「共享經濟」由一系列分享服務構成，如Airbnb、汽車共享Zipcar等，並且已擴展到工具、房產等多項產品和服務。這也是一種智力共享，更是一種超越科技創新的協作，與城市改造息息相關。

聰明的「大數據」？

編寫本書需要大量網路搜索，更讓我們深刻意識到，網路搜索工具，在短短幾年內，已經歷了翻天覆地的變化。主要的谷歌搜索現在涵蓋的信息量更為豐富，已經超越了原始查詢所需的信息。其他熱門網站也是如此，比如臉書（Facebook）、亞馬遜（Amazon）、領英（LinkedIn）等等。但除谷歌以外，其他公司也為用戶提供更豐富的世界及更多相關可能，如蘋果、三星、微軟等。經我們允許後，這些公司透過個人GPS數據、郵件、聯繫人、日程等瞭解我們的行為和信息，推送給我們的信息就更豐富、更準確。

這些信息的收集、分析、管理、利用，就是我們所知的「大數據」。大數據帶來許多便利的同時，也衍生了各種棘手的隱私安全問題。數據收集愈加普遍，已經不再是資訊科技公司的獨占領域。在歐洲和美國，各類耐用消費品的生產商，在其系列產品中，已經添加了服務型產品。透過嵌入式感測器等新技術，公司已經收集了大量數據，以開發新的客戶服務。

2003年，芬蘭技術聯合會（Federation of Finnish Technologies）、當地政府、金融創新機構特克斯（Tekes）[24]合作發起一個項目，幫助部分公司轉變角色，從特定方案提供者，變成重要夥伴。有30間公司參與了本項目，包括通力（Kone）、瓦錫蘭（Wärtsilä）、諾基亞、芬蘭電力（Finn-Power）、法斯登（Fastems）和ABB集團。

以電梯製造商通力為例，該公司展示了這一項目的成果。通力一直以電梯維護服務著稱，針對辦公樓、醫院等多人來往的建築群，公司提供一系列方案，讓客戶更深入地瞭解建築樓內的人口流動特點。通力開始與承包商及建築商合作，共同設計一項醫療設施。設計中當然包含電梯的分配，當地的醫生護士也加入合作，提供數據，優化大樓內移動方案。最後，通力重新確立公司目標，不僅專攻電梯維護，更應鑽研「人口流動」。這一新的目標，也體現在公司對員工的技能要求方面：員工不僅要有技術能力，更應兼備接待顧客的能力。

隨著物聯網的普及和壯大，數以億計的物體和設備，因為全球網路緊密相連。利用全球網路，我們收集信息的能力也隨之

增強。然而，要提高效率，我們必須設定一套數據分享的標準協定，以保證由此產生的海量數據，在系統和機器之間可以保存無損，自由交流。2014年，工業網際網路聯盟（Industrial Internet Consortium）成立。該組織資格開放，成員公司包括英特爾、思科、IBM、AT&T公司、通用電氣等等，成立目的在於制定數據交流標準體系。2013年初，德國聯邦政府也公布了類似項目，項目名為工業4.0（Industry 4.0），意指物聯網第四次工業革命（The Fourth Industrial Revolution of the Internet of Things）。[25]

現代科技產生海量數據，蜂擁而來，使傳統的產業分界變得模糊。正如引言所說，將資訊科技、服務、製造和農業當作經濟或產業的獨立分支，此一想法早已過時。未來經濟將由智能製造掌控；換句話說，資訊科技、新技術、新材料與傳統分支新發現的融合，將為智力共享奠基。

智能世界，不止於此

本章只涉及了幾個重要領域的活動，這些活動與我們面臨的21世紀重要挑戰息息相關；尤其是某些正在發展的活動。透過智力共享和感測器、晶片等先進材料及智能製造，這些活動將不斷完善。毫無疑問，我們相信，這些活動將改變、甚至改善社會結構，從而改變我們的生活方式。

除了上述科技程序，人們處理艱鉅挑戰的方式也有深遠改變：透過智力共享、合作決策，應對挑戰。在研究過的智帶中，我們可以看到，政府人員、科學家、教授和學生的心中已經喚起了合作和創業精神。這種精神，對組織、社團、經濟體的運作方式影響深遠。當地政府領導將擴大影響，提升威望；聯邦當局若不阻截，便可協理各方。對於工作，大多數人都認為，不管我們贊成全球一體化與否，其進程都會加快。但自從有這些科技程序，我們甚至相信，此一論斷還有待討論。自動化會減少對廉價勞動力的需求。新材料將代替使用已久的商品，如飛機材料中，碳材料代替了鋁合金，生物材料替代品又代替了碳基塑料（carbon-based plastics）等等。**我們與過去不同，無需將產品元件、半成品及成品運往世界各地。食品、衣物和鞋子，將再次在離家更近之處生產。產品在本地生產，而全球貿易步伐會放緩。換句話說，全球化將不再加速，反而會在達到顛峰之後，逐漸趨向穩定，甚至衰退。在世界範圍內，智力共享和協同合作的形式更廣、程度更深，新舊經濟體聯繫更加緊密，傳統的工作場所也將變成創新區域，「鏽帶」即將變成「智帶」。**

如果我們可以成功解決教育培訓、政策、基金和文化等一系列實際問題，在這些關鍵因素的影響下，智力共享將得到極大支持，也將廣泛傳播。

第 6 章

喚醒睡美人

你所在的地域，
是否也是世界上最聰明的地方？

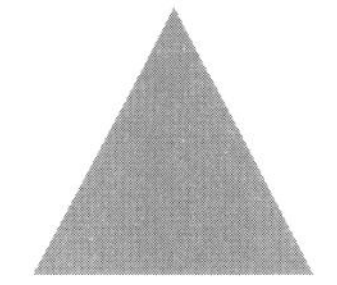

某處，某些不可思議之事，正待發現。

——卡爾薩根

我們已步入新的時代，感受多種因素的影響：智力共享、智能製造、隨時互動的構思與製造、智帶興起、廉價勞動優勢漸衰等。但當今時代，某些地區發展仍不均衡，正盡力擺脫舊時代背景遺留的體系、慣例、組織、技能和態度，並努力發展。這一時代的誕生，也與以往許多轉型時刻一樣，並不是宏大的計畫或全球統一力量主導的產物，而是順勢演化、恰逢其時所致，更是需求推動的結果。

但探訪智帶期間，有一發現使我們大為驚訝：即使中央政府有時稍顯倦怠（歐洲程度較輕），但地方人們總有無窮巧思，也樂於付諸實踐。人們已設法擺脫鏽帶固有的滯塞與消極思想。富有遠見、樂於奉獻的個體，帶動不同組織、政府、公司相互合作。

「需求」是推動智帶現象興起的重要因素。就業、收益、影響力的需求，加上科技的複雜與資源的稀缺，迫使個人和組織拋開差別，跨越管理障礙，主動接觸不熟悉的同事，共同合作調查、分享知識、研製產品、推行項目。也就是說，參與者自行建立了智力共享的系統。由此而產生的創新，與現時所謂的創新大有不同。當今創新指蘋果、谷歌、亞馬遜和其他典型技術領軍企業實現的創新。此類企業坐擁大量人才與資源，足以在內部建立創新引擎，不受過去的停滯所拖累，也不因現存廢棄設施或落後基礎設施而束縛，如有缺失，也能自足。它們無須對外開放、分享知識、透露機密、妥協退讓，甚至不需促成雙贏交易。實際上，這些公司以「孤膽英雄」形式繼續運作，也有權有勢；也許公司會開展合作或效忠某方，但必然穩占圈子中心，手握大權。

孤膽英雄固然讓人敬佩，但這種模式亦有限制與缺陷。例如管理上可能權力過分集中，排擠威脅己方的創新，限制夥伴行動範圍，也容易自鳴得意，壓制消費者。智帶發展過程，也許不如孤膽英雄般有條不紊，形象光鮮；但論及尋求突破，創造能改變規則的技術和產品，其潛力只多不少。

然而，為了充分發揮世界智帶的潛力，喚醒如今還在沉睡的美人，擴展和利用創新中心提倡的智力共享，我們必須重新思考、改變、清除或改進許多遺留制度和慣例。首先，我們必須承認，如今的創新多是由下而上，而非自上而下。這種現象在地方層級最為常見，學術人員和企業分享智力，努力設計發明智能產品，以應對21世紀的挑戰。而在歐洲及歐盟，國家對智帶的支持也作用極大。國家不僅提供基本科研基金，發起配對捐款，注重跨領域的技術發展、團隊構建和相互協作，讓實體與數位基礎設施更現代化，以支持創新不斷發展。從美國國防高級研究計畫局、歐盟的資助計畫，到中國、韓國的創新政策，都提供了自上而下的創新支持，收效顯著。國家政府的創新支持，不應再受意識形態爭議所困。而且，應重新考慮推行教育及培訓項目，為潛在智帶地區提供更多資金，並接受新的組織設計、領導、文化取向和設想。更重要的是，即使是在起步階段，我們也必須尋求更佳方式，測量和評估智力分享等合作行為的效果。下文我們將分享一些想法，探討問題解決的進度，看看如何改變現狀。

政策與指引

國家須推出一套通用框架和政策，以刺激支持智帶的創新發展，這一想法其實並不激進。反而世上幾乎每個國家都有一套創新方針和目標，只有一顯著例外：美國。為何世界領先的經濟、政治、商業大國，一聽到國家創新政策這樣的名詞，會像過敏一樣厭惡排斥呢？也許因為，即使沒有國家政策，在諸如矽谷這樣的地方，一切也十分順利。有些項目，若沒有政府的資助，原本不可能完成，但當地企業與研究人員，卻都主動為項目出資出力。又或是因為此類政策常與產業政策混淆。產業政策常針對某行業或經濟產業，被視為政府干預私人企業經營的手段。但是創新政策的目的並非規範或干預經營，而是鼓勵、推動、支持創新。

評論界喜歡引證政府失敗的例子，如政府對太陽能板公司索林佐（Solyndra）的資助失敗案例。但是，政府成功參與並幫助創新的例子，遠比失敗的多。但即使沒有明確的國家政策，歷年美國政府亦積極採取措施，推動不同領域發展，鼓勵改變世界的創新，涉及領域包括電晶體、雷射、網際網路和搜尋引擎、噴射推進、太空探索、無人機、石油天然氣水平鑽孔、新型材料、機器人和全自動汽車等。

過去十年以來，聯邦政府專注創新發展。早在2006年，國家科學基金會（National Science Foundation，簡稱 NSF ）已警告過削減基本研發經費的危害。2012年總統先進製造特別小組（The 2012 Presidental Task Force on Advanced Manufacturing）也強調過建立工業研究院的重要性。歐巴馬政府聽取建議，成立了多家工業研究院。第一家於2012年在俄亥俄州揚斯敦成立，專注3D列印；2014年，在芝加哥建立了第二家數位製造設計院（digital manufacturing and design）。**國會面對政策躊躇不定、爭論不休時，地區首長和各地市長卻早已設法採取行動，支持州內和城市的創新計畫，還開展了超越政黨路線的合作。畢竟，智力共享是兼容並包、無黨無派的活動。**

總統委員會和智庫，為美國聯邦政府、各國家機構以及歐洲委員會提出各種倡議。我們相信，根據這些倡議推出的一系列計畫，將進一步刺激和支持創新。因此，尤其建議以下幾點：

- 提供方針和明確的示範，以助地區和本地企業為有志者創造積極環境，建立智力分享系統。艾克朗、恩荷芬、波特蘭和德勒斯登所用方案都可作參考，十分有用。
- 為跨學科合作、共同研發技術產品服務的團體，提供激勵資金和獎勵。瑞士蘇黎世科技園的生物科學可作範例。鼓勵購買智力分享企業的產品和服務，也是可行建議。

- 鼓勵和促進公共事業和私人企業合作，可參考德國「夫朗和斐協會」*的模式。
- 若提供基金，優先考慮開放型創新平台。美國空軍研究實驗室（Air Force Research Laboratory）的開放型創新展館（The Open Innovation Pavilion），以及恩荷芬的霍斯特協會（Horst Institute）都可作典範。
- 通過修訂稅法，推新方針，讓教育機構成為反壟斷保護傘。紐約州立大學理工學院（SUNY Poly）的奈米技術研究中心（Nano-Tech Complex），還有艾克朗的模式都可供參考。
- 為21世紀創新地區提供資金支持、專業人才、鏞帶轉型刺激政策、各種設備和基礎設施。例如北卡羅萊納州立大學為振興老菸廠，建立三角研究園所做的一切。
- 若有規定妨礙測試或採用創新成果，盡力排除。例如美國加州、內華達州、佛羅里達州，及歐洲的瑞典、德國為無人駕駛汽車更改了規定。
- 透過法規或刺激政策，鼓勵使用新技術、新產品。如政府接受智能手機支付方式；鼓勵建設電動汽車充電站等。

---

* 夫朗和斐應用研究促進協會（Fraunhofer-Gesellschaft zur Förderung der angewandten Forschung e. V.），是德國也是歐洲最大的應用科學研究機構，成立於 1949 年，以德國科學家約瑟夫·夫朗和斐的名字命名。

- 認可並獎勵智帶、智力分享與智慧製造。例如，創業引導營在歐洲五個城市和以色列開創項目，鼓勵年輕企業家發展。

測評新標準：效率、生產力、創意還有更多

我們相信，未來科技的使用將更加廣泛；但過去十多年的生產力統計數據顯示，情況並不樂觀。我從未聽過如何調和一致這種矛盾現象，但我們必須解決這一問題。

——薩默斯（Lawrence Summers），漢密爾頓計畫之「工作的未來」會議（Hamilton Project Conference），2015年2月

並非只有美國前任財務部長、哈佛經濟學家薩默斯一人，看出統計數據存在著極大漏洞。但政策制定者仍依靠這些數據，估量經濟狀況表現。貝利（Martin Bailey）是布魯金斯學會學者，同時也是美國總統經濟顧問委員會（Council of Economic Adviser）的前任主席。提起這一問題，他與現任主席福爾曼（Jason Furman），以及聯邦準備理事會（Federal Reserve Board）成員布雷納德（Lael Brainard），都表示了相似憂慮。他們一致同意，如今社會對效率和生產力缺乏有效估量工具，更無法瞭解我們所作的努力對創新、創造力和其他重要

經濟活動的作用。歷年以來，歐洲研究人員都在抱怨，諸如荷蘭中央計畫局（Central Planning Bureau）等組織使用的分析模型，缺少極重要的元素，卻被告知不需多管閒事。歐洲委員會（European Commission）率先著手解決問題，召集一組經濟學家檢測現行評估方法，希望推薦更佳方案。此工作包含重大研究，可能需要兩年或以上，才能完成。[1]

沒人願意盲目試飛，甚至不願在沒有導航的情況下操作飛機。但即使已有如此多人意識到問題所在，卻不急於解決問題，實在令人費解。麻省理工教授、諾貝爾獎得主梭羅（Robert Solow），在1987年有句名言譏諷道：「電腦時代隨處可見，唯獨不見於生產力數據。」[2]當時，智慧手機、谷歌搜索、維基百科、谷歌地圖等能極大節省時間、提高生產力的設備應用的發明還很遙遠。如今利用不同裝備，我們能隨時隨地與任何人聯繫；幾乎在彈指的瞬間，就能遠程傳送大量知識；從A點到Z點，導航全程服務，我們不會迷路，也節省了反覆摺疊地圖的時間。在美國國立衛生研究院和大型製藥公司，機器人能在短短幾天內，全日無休，完成多項複雜的新化合物試驗。類似試驗，若交由實驗室技術人員處理，可能要費時十年以上。機器裝備不僅省時經濟，更帶來許多機遇可能。正如NIH院長科林斯（Francis Collins）所言：「潛在可能實在太多，難以一時全部實現。」[3]

誠然，並非所有科技和工具都能真正推動改革，大大提高生產效率。但這一點實在難以證明。梭羅在麻省理工的同事布倫喬森（Erik Brynjolfsson）等人仍非常不解：為何生產力數據不支持這一論點？是否因引入科技後，要經歷一段時差，才能改善結果？是否電腦和資訊科技，製造太多麻煩，弊大於利？亦或贏家與輸家數量相當，所以並無淨利？又或者實際上有利潤，但現存的評測方法不當、落後或是完全無用？上述種種解釋，哪種反映問題最嚴峻？假若市政府統計的測量方法，並未考慮到發展經濟中最具活力與競爭力的部分呢？

我們相信，大家需要一套新的測量方法。我們應當發明新方法，而且刻不容緩。隨著電腦能力和數據分析的發展，我們能直接瞭解創新和智慧手機的重大貢獻，而不是像現在一樣，把它們當成沒有被資本和勞動投入解釋的殘差*。

電腦能力迅猛發展，生產效率卻提高甚微，兩者嚴重失衡。我們謂之生產力悖論，常指資訊科技投入，與國家層次產出之間的失衡。我們將更進一步，稱之為「甜甜圈空洞」（the missing hole in a doughnut）。像是魔術一般，創新活動愈高產、愈高效，國內生產毛額或消費者物價指數顯示的相關數據就愈少。而這兩個數據，恰恰是政策制定者和企業經營者每日最常用的關鍵數據。事實上，傳統的總體經濟數據鼓勵低效，打壓

* 殘差，是指依變項的觀察值與預測值之間的差距。

高效和創意。為何如此？因為諸如醫療保健、教育等部門，價格持續上漲、機構臃腫，在總值中比重更大。而創新經濟則恰恰相反，如資訊科技和智慧手機等，價格不斷下跌。

這一謎題將留待下一任諾貝爾經濟學獎得主去解決。但我們測評創新產物生產力的方式確實奇怪，例如新研發藥物價格高昂，對國內生產毛額或通膨統計數據影響突出；但如谷歌搜索或谷歌地圖等免費的服務，與日常生活密不可分，卻僅因無須付費購買，就不被計入消費者開支內。

深究其因，當消費者購買一張椅子、一杯咖啡、一瓶阿斯匹林或一張電影票，交易都算入國內生產毛額，因為每件商品都有已知價格。但人們登入網際網路使用谷歌引擎時，情況又當如何？該服務免費，所以不計入內。但若不搜索，您能撰寫報告、尋找附近餐廳或查看食譜嗎？難道這個服務對大部分人而言，相比一本書、一分報紙、一張電影票、甚至一套新購沙發，不會更有價值嗎？

一旦討論起「殘差」價值，聽起來就像事後孔明，好比討論啤酒或卡布奇諾上層的泡沫。但這些難以評測的成分，對於勞動儲備和機械、新發明、更優質材料、減少浪費、預購維修和各種新發現，有質變提升。**事實上，創新是經濟發展最主要的推動力，尤其有利於吸引新投資、募集資金、刺激儲備勞動力增長。因此，一個地區是否有創新發明，創新數量多少，以及如何發展創新，都十分重要。**

通貨膨脹又當如何？薩默斯的回答為人熟知，其中更引用了一個例子：如果以1983年情況為準，按照百分制來算，醫療保健、高等教育的成本已經增長到當年的六倍，而電視和電腦的成本僅為原來的6%。相比原本的價格，這可是多倍增長。這兩個價格，能真實反映出這兩類「商品」對我們的價值嗎？薩默斯擔憂，最具生產力的創新產業過於成功，反而在數據顯示所占的比例太小，變得無足輕重，未來可能更不重要。美國科技長喬普拉（Aneesh Chopra）卻視之為巨大機遇，他認為：「醫療保健、能源和教育，直到最近才接入網際網路，但現在，醫療保健的創新成果激增，有目共睹。」[4]

在此之前，一些政策制定者和商業領袖已視新的測評標準為管理的指引，就像司機要依照儀表板來駕駛一樣。美國全國公共廣播電台（National Public Radio）的「金錢星球」（*Planet Money*），曾經談及消費者情緒指數（Consumer Sentiment Index）的事例。該指數由密西根大學（University of Michigan）的研究人員發明，從1952年開始推行，但花了好幾十年才成為「主流」經濟測評標準。究其原因，僅僅是因為指數只測量消費者的情緒，但許多經濟學家認為情緒無法衡量任何事物。[5]但如今，這已成為經濟、市場和政策制定必不可少的重要工具。

總體經濟的生產力重要之極，切不可當成剩餘產物看待。而且，在振興整個城市和地區的過程中，智力共享的影響和創新的廣泛應用更加明顯：新產品技術、新材料、新數據分析方式和新的發明結合，應用到從農業、製造業到服務業等一切產業當中。例如，有了數據分析和無線數據收集（wireless data collection），測量生產力效果更佳；有的智帶已經建立或正在興起，而同儕團體分析（peer group analysis），在估量智帶的貢獻時，能夠提供深入見解。

智帶生態系統是否成功，可以用量化的方式估量，比如建立問卷調查，問題應涵蓋以下方面：

- 重點／專攻。
- 多層面的合作。
- 當地大學吸引研究資金的潛力。
- 研究活動的公司資助。
- 大學的許可活動。
- 育成中心的成功記錄。
- 分拆公司及新創企業的數量，以及公司三年、五年的存活率。
- 對私有資金的吸引力。能否吸引創投資金、天使投資者（angel investor）及其他資金來源，投資發明。
- 本地供應/價值鏈的一體化。
- 學術醫院（Academic Hospital）在刺激創新方面的作用。
- 在職培訓的範圍、類型和成功率。
- 當地社區學校和大專院校的訓練，是否成功幫助工作者在當地或其他地方就業。

● 吸引國內外知識豐富的工作者，加入本地人才儲備的能力。

在歐洲，恩荷芬和德勒斯登在這份列表中得分較高。而在美國，艾克朗表現脫穎而出。但當我們給拜訪研究過的智帶排名打分數時，發現每個智帶雖然幾乎包含上述基本元素，但各有優勢弱勢。排名尤其顯示，各智帶在政府資助、許可經營的收入及當地供應鏈發展方面，差別較大。劍橋、波特蘭、明尼亞波利斯、奧盧等地，主要研究生命科學，顯然醫院至關重要。北歐的一些智帶，在工作效率研究方面得分較高；而美國研究工作效率的組織，都以歐洲為模範發展。

經濟生產力，不應只限於簡單幾頁電子數據表格，只注重有效利用勞動和資金。未來數十年，正是高效創新地利用人才、知識、想法及新技術的關鍵時期。從現在開始，我們不應設法降低價格，而應致力發展智慧。

基礎設施與環境

創新發明需要一套新的測評方式，創新中心也需要新的物質基礎設施。設施應該與傳統產業中心的工作地點、生態系統大為不同，甚至有別於20世紀的創新研究園（innovation park）發展模式。今天，許多思維創新的人喜愛城市勝過郊區，更傾向多元的大都市，而非荒蕪的企業園。他們喜歡四通八達的公共交通、適宜單車客的市區環境和共乘共享的日常體驗。他們希望高速無線網路無處不在，住房價格水平合理，並能自如進出休閒場所，享受戶外活動。比起超市，他們更喜歡在農場主的菜市場購買食材，更樂於光顧本地特色商鋪，購買價格親民的商品，而不愛逛大型全國連鎖賣場。

正因如此，艾克朗、隆德－馬爾默、波特蘭和蘇黎世等鏽帶城市，能夠變成智帶。除此之外，匹茲堡的卡內基美隆大學、聖路易斯市的華盛頓大學、費城的卓克索大學（Drexel University）、英國的劍橋大學及許多其他地方的周邊地區都能列入表中。韓國的首爾、以色列的特拉維夫（Tel Aviv）、德國的柏林以及瑞典的斯德哥爾摩，也是典型的創新熱點地區。這些地區恰好都滿足了應有條件：低成本設備、方便的城市位置、廢棄的倉庫和工廠區可以轉變成靈活寬敞的工作生活空間，方便人們以多種方式互動。**換句話說，智力共享和智慧製造，其實與數字、物質的有效連接緊密相關。**

在拜訪過的智帶中，我們見證了許多例子，顯示國家、地區、公司和個人如何共創有利環境，促進智力共享。以北卡羅萊納為例，國家支持重建舊菸廠、倉庫和紡織工廠，並提供了超過10億美元補助。在荷蘭，國際紡織公司Mexx創始人查達哈（Rattan Chadha），正創設一系列名為享空／空享家（Spaces）的靈活辦公設備。在享空，你可以租借所需物資設備。也許你只需要一套桌椅，又或是一整層樓，可以按日或按月付款。你可以充分利用共享的行政服務，接受輔導，在酒吧會面交談。熱門的共享工作空間範例，包括美國紐約市的新工作城市（New Work City）、波士頓的工作吧（Work Bar）、費城的獨立大廳（Independents Hall）、西雅圖的流浪者工作室（Office Nomads）以及聖地牙哥的赫拉中心（Hera Hub）等。[6]

如你所見，在建設智帶環境參與的過程中，大型公司幾乎總是扮演重要角色。而且，愈來愈多類似匹茲堡的大公司，在城市中心的大學附近建構設施。而過去數十年來，公司都有將設備遷往郊區或是企業園區的趨勢，如今卻完全相反。當局鼓勵和響應這種城市內遷趨勢，提供輕軌連接，保護自行車通道，更積極提供其他基礎設備，滿足僱員和其家人的需求。

數位環境透過雲端創造，每人都可使用，並為小型的用戶提供更多服務和功能。類似功能，過去只有大公司能夠提供。在亞馬遜的帶領下，一群跨國際、跨地區的電話通信公司，提供儲存、分享、下載和備份服務。其中一個典範是阿森納數位方案公司（Arsenal Digital Solutions）。其總部設在北卡羅萊納州的德罕，提供即時到付服務（pay-as-you-go service）。創業公司和其他小型商鋪，若無法承擔昂貴的硬體或軟體投資，現在就可以向它們購買數位管理工具（digital management tool）。這種工具，許多跨國公司都在使用。

要進一步鼓勵創造環境，創建基礎設施，支持智力共享，還可以透過以下方式：

- 建立智慧製造設備（smart manufacturing facilities）的項目，應得到大力支持。仍舊有人認為，根據定義，一家工廠必然規模大、汙染重，集聚滿身汙穢的城鎮居民。但事實並非如此。工廠可以規模很小，乾淨整潔，還能提供良好工作環境，召集思維創新的有志之士、對城市環境有積極貢獻的良好市民。而且，對於想要發展中學以上技能培訓的人，工廠還能提供在職訓練。「水牛城億萬計畫」（Buffalo Billion initiative）是其中之一。該機制由紐約州政府與奧巴尼的紐約州立大學奈米學院合作創立。雖然旗下最大的計畫，即馬斯克（Elon Musk）的太陽城（SolarCity），遭受其他城市的質疑（或嫉妒），整個機制仍不失為一極佳範例。
- 更新和改善某些國家及地區的區域劃分規定。有的規定要求區分工作、居住和娛樂區，應該加以整頓改革。創新人才如今的希望是，工作區能夠配備專業實驗設施、零售商店、公共空間、綠化區域和多樣化、任君選擇的居所。這些功能區最好距離較近，才能創造一個活躍、繁榮、多樣又激勵進步的環境。波特蘭和蘇黎世，正是採用了不同方式，才創造出了更富活力的新區域。
- 專注智力共享發展。當城市領導者設法發展廢棄破舊的區域時，應著重鼓勵創新，創造多樣化的生態系統，而非只顧建立一棟棟大樓。一個城市的經濟資產包括大學、醫院、研究型公司和創業公司等，如何配置串聯這些資產，至關重要。以德勒斯登和波特蘭為例，當地政府非常重視生命科學活動，並將其就近安排在地點便利的場所。

- 應根據創新人才或實體的喜好，建設創新地區。地區應與公眾聯繫緊密，方便大眾進出，並且共享交通。應該混合居住、工作、和生活元素，區域內應有自行車道、公共空間、方便的人行街道和多塊綠地交錯分布[7]。費城、波士頓、德罕、紐約市的羅斯福島（Roosevelt）、聖路易斯市的Cortex創新社區及許多其他地方，區域建設正風起雲湧。

教育和培訓

喬治城大學教育就業中心（Georgetown University's Center on Education and the Workforce）的主任卡內瓦萊（Anthony Carnevale），對就業問題有深入研究。他說：「到2020年，美國將缺少500萬個技能嫻熟、能滿足僱主需求的員工。」到2020年，美國65%的工作都需大專以上學歷[8]。德勤（Deloitte）咨詢結果顯示[9]，2011年美國有60萬個製造業職位空缺，2025年可能會增加到200萬。因此 ，我們不應繼續抱怨國家失業問題，而應該集中處理逐漸浮現的技能差距問題（skill gap）；對擅長STEM，即科學、技術、工程和數學（英文首字母縮寫為

STEM）的員工，業界需求會不斷增長，此一問題也急需處理。

大學問題，是美國產生技能差距的一個原因。太多年輕人浪費才能，未能意識到自身的就業潛力（earning potential）。歸根究底，是因為大家過於強調傳統的四年大學的重要性。其中一個問題是，只有54%的大學生能在六年之內獲得學位。所耗時間，也許用來工作或磨練實務技能，會更加有效。大學設置課程以及學生決定上哪所大學、學習什麼課程時，都不曾注意到其能力和學習技能應滿足現在或將來的就業市場需求。更糟糕的是，學生常常貸款繳付學費，美國的大學債務總額竟達1兆2000萬美元。

我們應該改變大學教育價值的舊假設：四年大學教育是社會地位和知識地位的象徵。雖然製造業的相關職業，數十年以來都十分可靠、富有意義，相比之下卻被汙名化。但正如哈佛大學的史瓦茲（Robert B. Schwartz）所言：「許多中產階級美國人塑造了一個觀點，即四年大學教育是在勞動市場獲取成功的通行證，但這一觀點將難以持續。」[10]此外，陶氏化學（Dow Chemical）人力資源總監斯卡格斯（Lisa Skaggs）也告訴我們：「年輕人不明白製造業也有很多有趣的工作。」[11]因此，父母和學生非常關注製造業以外的職業，也很重視四年大學項目，認為大學能確保他們找到好的職業，尤其是備受吹捧的「知識經濟」相關職業。他們未意識到、不明白甚至不重視其他形式的教育和培訓，這些教育訓練對許多年輕人而言可能更加有用。其中，提供兩年社區大學教育尤其重要。

社區大學

為了改變學生和家長的觀念，許多社區學校正在開發多種項目，希望自己與同行能有所區別，脫穎而出。我們在旅途中經過許多智帶，而在智力分享系統中，社區大學是非常重要的構成部分。以哈德遜科技谷為例，新智能製造活動的迅速擴張，增加了教育需求，並促進了教育發展。

而在格羅方德公司半導體工廠的門外，我們參觀了一個培訓項目機構。這個機構名為半導體製造和替代性可再生技術培訓教育中心（Trainning and Education Center for Semiconductor Manufacturing and Alternative and Renewable Technologies，簡稱TEC-SMART），是哈德遜科技谷社區大學（Hudson Tech Valley Community College）的一部分[12]。TEC-SMART的副院長希爾（Penny Hill）帶領我們參觀校園，學院建築經LEED領先能源與環境設計（Leadership in Energy and Environmental Design，簡稱LEED）評定為白金級別的綠色建築（Platinum green building），極大部分電能靠太陽能電池板、風力渦輪以及被動式太陽能利用設備（passive-solar design）產生。我們觀察了由12名學生組成的隊伍，他們是格羅方德新僱員，正參與一周工作研究課程，學習公司的製造程序。一名熱心教員，向我們介紹此門課程的產生原因：曾有一名工廠技術人員，檢查空氣循環系統（air circulation system）儀表時，看到壓力值降為零。出於憂慮，他換出了所有儀表，但問題仍無法解決。其他技術人員這才意識到，壓力為零，其實是因為無意中關閉了空氣系統。但這一過程白白耗費了大量時間、精力。

公司發現，大部分新員工不會使用先進設備，也未曾受過相關訓練。許多員工甚至不懂基本的技能，比方說如何使用扳手等簡單工具。雖然許多新員工都擁有碩士學位，但也有員工只接受過高中程度的正規教育。如今，所有新員工無論學歷高低，都必須參加為期七週的訓練，其中包括兩週的製造課程。

除了兩週的格羅方德培訓，TEC-SMART還提供了一系列課程。課程時長兩年，教導半導體製造，專為處於職業生涯中期的學生而設，讓學生做好準備，赴格羅方德、通用電氣和應用材料（Applied Materials）等公司工作。哈德遜科技谷社區大學與不同公司合作，以便確定僱員急需的知識技能，不斷調整課程。大學也為臨近的鮑爾斯頓斯帕高中（Ballston Spa High School）初高中生提供課程項目。一週五個早上，140名年輕學生跳上公車前往TEC-SMART學院，學習基本的自動製造課程。這一項目以紐約布魯克林（Brooklyn）的IBM方案為模型，更結合體現STEM概念的課堂知識、批判思維和要求親身實作的暑期實習。

哈德遜科技谷社區大學主要園區設在特洛伊（Troy），臨近倫斯勒（Rensselaer）。學校擁有造價3500萬美元的世界頂尖科學中心，超過650名教職員工的學院和超過1萬3000名學生，其中近半數的學生半工半讀。學校以此自豪，還提供70種不同的兩年副學士學位和職校培訓（vocational track），另設多個員工再培訓項目，並為全職工作者提供遠程學習。許多公司為其僱員的教育費用買單。

拉金（David Larkin）是哈德遜谷的教員，已教導先進製造課程超過20年。他擁有機械工程高級學位，教書之前，在製造業方面亦有建樹。這位教員告訴我們，許多年來，學生對工具製造和機械技工技巧學習一直不感興趣。因為他們知道，這類技工正面臨失業，沒有未來。在哈德遜科技谷及其他智帶，情況卻已有改變，拉金的課程需求如今需求極大。據他所言，在美國可能有100個類似的計畫，並說「這數量遠遠不夠。如何找到懂得運作機器的員工，是眾公司今日最頭疼的問題。會做三份工作已經不夠，要會做且做好300份才行。」[13]

拉金的課綱非常嚴格。一個典型的實驗課程，每週課時長達12小時，相比之下，其他學科可能只需三小時。學生學習STEM理論、冶金和一些實用技巧，例如塑造零件、建固定裝備、檢查測試設備等等。期間經常使用的機器和工具，價值100萬美元，包括電腦輔助設計與電腦輔助製造（CAD-CAM）設備等。

對於哈德遜谷這樣的社區大學而言，要募集實驗室和工廠配備基金，的確是個難題。政府支持也並非一直有效。拉金說：「我們要另尋方式。」而解決方式，就是透過智力共享。大學與公司合夥，公司捐助設備，負責設備更新，為員工和新職員交付上課學費。其中一間最大的贊助商，是總部位於加州的哈斯自動化公司（Haas Automation）。該公司是世界最領先、最自動化的機械工具製造商之一，為學校提供了必備機械設備。作為回報，學校為該公司提供專門定制的課程項目。當年我們參訪時，拉金的計畫參與者共33人，每個人都在畢業前找到了工作，時薪18至25美元不等。歷屆畢業生工作五年以後，平均薪資都能超過10萬美元。

格羅方德公司還與其餘幾間社區大學合作，包括斯克內克塔迪（Schenectady），富爾頓－蒙哥馬利（Fulton Montgomery）和紐約州立大學阿第倫達分校（SUNY Adirondack）等社區大學。這些社區大學正逐漸成為全美最大的職業培訓機構。格羅方德公司的政府關係主任盧索，認為這種合作可以視為範例，在全國按比例擴張，告訴人們工作將來的發展趨勢。

在職學習模式

我們需要更多與哈德遜谷所見類似的在職教育。而在此方面，歐洲經驗豐富，可供美國借鑒。西門子（美國）人才招募資深總監布朗（Michael Brown）認為，美國的技能差距問題，實為訓練差距（training gap）問題。全球製造商西門子總部設在德國，而在美國也掌管100家製造基地。正是這些基地，製造出各類複雜高品質的產品，包括電子醫療設備、頂尖機車等等。布朗告訴我們，「美國的現狀讓我們十分驚訝。」在美國，在職學習項目非常少見，而且當地的培訓項目，還要削減成本。布朗還表示：「更震驚的是，那些大學居然不主動聯繫我們。」[14]

德國情況則相反，西門子設置了穩健的學徒制計畫（apprenticeship program），參與者達1萬人。計畫讓更多人接受培訓，適應美國廠商的工作。西門子計畫將北卡羅萊納州夏洛特市（Charlotte）工廠的生產規模擴大一倍，公司與當地社區大學緊密合作，共同設立了一個計畫。如今，25名學徒與1000名工廠正式員工一同工作。布朗說：「我們才剛剛起步，但如今現狀已徹底轉變。」

西門子的祖國德國，擁有世界上最先進的職業訓練模式。該國設有雙軌在職學習教育系統，德語稱為「duale Ausbildung」，即將公司學徒制度，與職業學校的在職教育培訓，雙軌結合。據茲維克勒爾集團（Zwick Roell）的執行長勒爾（Jan Stefan Roell）所言，該系統被認為是「德國製造業的成功祕訣」之一。[15]公司總部設在德國南部，是一家中型家族企業，也是世界領先的精密測試設備製造商。勒爾告訴我們，公司的三年在職學習學徒項目，已經美夢成真。集團與當地技術學校合作，招收學生。2013年，公司的20個空缺職位，有585人前來申請，公司可放心擇選英才。雖然學徒工資比標準工資低，但其實在三年期間，集團為培訓一名學徒，投資近5萬歐元。培訓期間，學生在課室度過30%的時間，剩下時間則用於工作。

勒爾是公司合夥創始人的孫子。他表示，考慮在職學習計畫，不能脫離整個僱主僱員關係大背景。**在工作場所營造「家庭歸屬感」很重要，以確保員工想留任公司，重視生產力發展，也重視留任時長。營造這種家庭氛圍，需要一個重要元素，即員工、工會和管理的相互尊重。**公司在斯圖加特附近的烏姆鎮（Ulm）設有工廠，當我們參觀其工廠時，處處都能明顯感受到濃厚的家庭氛圍與相互信任：工廠建築乾淨整潔，安排有序；工作午餐美味可口；勒爾聆聽員工問題時神情專注，經過自助餐廳隊伍時，還和員工親切交談。

韋斯特坎布爾（Engelbert Westkämper）是位於斯圖加特的弗勞恩霍夫製造方法與自動化機構（Fraunhofer Institute for Manufacturing Methods and Automation）的前任主管，同時也是斯圖加特大學的教授。光是在斯圖加特地區，就有12所技術學校。據他強調，在與公司合作、發展支持學徒項目方面，技術學校功不可沒。而當製造業受2008年經濟危機重挫時，正是因為公司與工會有利害關係，二者共商決定，公司才得以繼續存活。韋斯特坎布爾意識到，在美國和德國，由公司主管和工會共建的董事會，差異極大。他相信，幾年過後，這種合作能夠「建立信任，卓有成效」。[16]

在職學習項目成功的另一證據是，年輕人更樂於接受製造業技能培訓，因為他們得到了高度重視。因此，德國可能面臨技能過剩；未來幾年，矛盾可能更激烈。斯圖加特是巴登－符騰堡邦（Baden-Württemberg）的首府，該州的三年在職學習系統擁有22萬5000名學徒，其中從事製造業的有5至6萬人。只有10%的人退出，5%左右的人未能成功完成項目。這意味著，該系統成就了大量技能嫻熟、具備資格的製造業員工。

在德國，共有160萬人參與了在職學習項目，60%是適齡參與者，而只有35%的人就讀大學。在美國，16歲到24歲的年輕人，有40%上大學。其中，60%的人讀四年制大學，40%的人就讀社區大學；而後者只有40%的人有財力就讀全日制。美國與德國形成強烈對比，只有50萬的人（不足2%）就讀大專，選擇不設學位的職業培訓。[17]

此外，德國學生及家人與美國學生不同，無須貸款繳付雙軌教育學費。一名在職學習項目的培訓生，平均成本為2萬7000美元，其中國家政府負擔九成費用，剩下一成由各邦負責。公司每年為每位學生投資2萬美元，更為工廠作坊額外花費。整個培訓對學生而言完全免費，學生還能找到800至1000美元月薪起薪的工作，月薪更可能漲到3000美元。

德國的在職學習系統，使中型公司能夠分享「最大塊的蛋糕」，獲得更多學徒，對其而言絕對是個福利。這些公司發現，培訓讓學生為工作做好準備，開始全職工作後能更快地創造效益。這種訓練也減少工作上的失望情緒，成為學生和公司之間的紐帶。

歷年以來，許多其他北歐國家公司因為僱傭率過低、縮減成本，都取消了內部培訓計畫。但是過去十年內，國家啟動了一些全國計畫，僱用率也不斷上升。同時，本身沒有培訓計畫的製造業公司，開始與地區技術學校合作，提供新型職業培訓。它們將德國視為典範，但又發現德國系統立基於自身獨特傳統，無法輕易複製。斯圖加特商會（Chamber of Commerce in Stuttgart）主席費里德里希（Martin Frädrich），也同意這一觀點：「我們解讀這一系統時發現它過於複雜，許多人都很驚奇，為什麼它能運作得如此順暢。我們也十分訝異。」計畫要獲得成功，需要真正的公私夥伴關係（public-private partnership），比如像商會這種，即靠近商業社群，又非政府部門的機構。同時也需要和工會緊密合作。此外，計畫必須具義務性質，這點非常重要。否則，費里德里希認為，「熱情終會消退。」[18]

恩荷芬的智慧港產業（Brainport Industries）正在發展類似項目。公司極度重視培訓中層管理人員的技術技巧，採用了類似哈德遜科技谷TEC-SMART的培訓項目，如實習和在職學習課程等等。但實習機會緊缺，於是恩荷芬的30間公司正致力建立智慧港產業大學（Brainport Industries College）。大學創始人包括德富（DAF）、飛利浦與其他供應商，希望培養更多熟練焊工、金屬加工和機械製造工人，讓人才不斷湧流。我們已經明白，實體設備十分重要，有了實體設備，智力共享活動才更切實有形，清晰可見。為了實現這點，智慧港產業計畫將智慧港產業學園，建立在城區一小塊用地上。這塊用地是城市專門為其而保留的。有了這一學園，智慧港產業渴望營造美好環境，讓來自不同公司的僱員無縫對接工作，共用高科技設備。

他們的熱情並未消退，反而只增不減。

資金

創新常常與小型、活躍的創業公司相關，這些公司由樂觀的創投資助，受發明家／企業家管理。但這種印象，只是冰山一角。創新不是短跑比賽，而是一場馬拉松。而且， 要開發一件激動人心、充滿創意的產品，最初往往要依靠政府撥款。創業公司要透過基本科研獲得知識技能，並將其轉化成商品，但早在數年甚至數十年前，公司就已經開始接受政府撥款。這些撥款，在公司進入創業階段之後，仍會一直持續。

因此，只有確保整個創意的開發過程中，一系列投資者能順利「接力傳棒」，才能真正實現智力共享。如果整條創新之路中，沒有投入大量金錢，那麼主意即使再好，也無法進入市場。在任一階段中斷資金，都有可能扼殺創新。針對手頭不同任務，可能有專門適用的資金來源，但只有提供了這一系列資金，才能為研究者提供所需工具，讓其創造出改變世界的各種產品。目前，基本高級研究大部分資金來自國家政府，應用研究的主要投資者是私人企業，而創業公司通常依賴天使投資人、家庭、朋友等私人關係，聚集小額捐助，直至將想法發展成熟，吸引到大額捐助或投資者為止。

雖然資金來源豐富，也有大量資本可用於投資，但這一過程並不完美，急需改善。出於種種原因，投資者可能會在調研中浪費數百萬美元的投資：也許因為捐助方或投資者忽視了值得投資的計畫，反在不值得的項目上耗費過多金錢，對捐助項目失去信心；或者董事會決定錯誤，導致策略失誤或用人不當，將計畫引向歧途；抑或在科技和產品發展成熟之前，就已決定撤退，以減少損失。

我們認為，讓捐助者和投資者更深入瞭解智力共享的重要意義，乃是重中之重。尤其在美國，投資者過於迷戀孤膽英雄模式，對坐落於標誌性創新熱門地區的天才企業家和孤身奮鬥的公司，過於偏愛。這些投資者很容易忽視一些極具潛力的機構。這些機構合作形式複雜、跨越學科，可能出現於被人遺忘的區域，比如我們參訪過的智帶地區。

基礎與應用研究

1994年，美國國家科學基金會（National Science Foundation，簡稱NSF）為史丹佛大學資助450萬美元，參與支持數位圖書館計畫。這一計畫致力研發工具，以便在新生的全球資訊網（World Wide Web）搜尋和分類信息。當時，谷歌合作創始人布林（Sergey Brin）和佩吉（Larry Page）還是畢業生，正是有賴這筆資助，才發明了搜索引擎，為後來成為技術巨擘、奠定非凡的成功基礎。[19]早期的政府資助還促進了許多其他突破，包括網際網路、噴射引擎、核武器、半導體和GPS等。[20]這些例子充分闡述了基礎研究資助的巨大潛力。基礎研究這一研發的初始階段，即使較少被人談及，也是研發過程中一個最重要的組成部分。

NSF表示：「基礎研究為技術創新添新助力，在培養美國科學技術企業活力、促進高技術工作發展方面，作用重大。」[21]基礎研究的目標是調查並回答廣泛的科學問題，而非生產某種新藥、新物質等特定終端產品。但因其回報無法即時顯示，也不能直接估量，使私有產業投資者興致缺缺。因此，政府提供大部分所需資助，大學和研究機構是主要的受助單位。也正因此，研發測量創新表現的新標準，包括新評估方法等，以幫助我們測量研究初始階段所做努力的價值，這一點至關重要。

在美國，基本研究的資金，不僅僅來自NSF、國立衛生研究院，也來自國防部、太空總署（NASA）及能源部。單是國防部，就已提供了過半數的基礎研究資助。與其他國家相比，美國在基礎研究上的研發預算支出更多，基本研究支出總額為750億美元，而世上其他國家總支出總額為900億美元，兩者幾乎匹敵；歐盟花費400億，數目遠不能及，日本支出180億，更無法相比。有趣的是，韓國在此方面花費110億美元，比中國的100億要多。[22]

歐洲沒有能與美國相提並論的軍事工業聯合體（Military Industrial Complex）。歐盟國家各自為政，創新政策僅限國家範圍內推動。歐盟委員會正努力搭建橋梁，跨越國界鴻溝。2013年開始的「地平線2020計畫」（Horizon 2020 Initiative），致力透過創新，刺激經濟和就業增長。這是第一次，歐盟以項目的科學素質為準發放資助，而非像往常一樣，讓全部歐盟國家平分研究資金。

雖然歐洲的創新圖景已經分裂，但仍有某些有力資本，美國無法媲美。其中重點，乃是其廣泛覆蓋的公私合作實體（Public-Private Entities）網絡，包括德國的夫朗和斐協會、荷蘭應用科學研究院（TNO）、瑞士聯邦材料科技實驗室（EMPA）等。這些機構都在19世紀末期到20世紀初期成立，對創造以智力分享為核心的智慧製造世界而言，是極其關鍵的核心機構。

在歐洲我們看到另一個積極趨勢：國家提供資金和補助，常常要求受助對象跨學科發展。例如，瑞士設有系統生科計畫（SystemsX.ch Initiative），專門支持系統生物學研究。[23]這一研究必須由不同學科的人員參與，涉及生物、物理、化學、工程、數學、計算機科學和醫學等。如此獨特的同盟管理的網路，能確保近400個研究組、超過1000名科學家跨學科高效合作，參與近200項研究。

應用研究與基礎研究不同，是研發過程的第二階段，專注研發某種產品、材料或藥物，而所需的大部分資金則由公司提供。科學密集型產業，如化學、藥物、航太工業等，尤其依靠公司資助。2011年，美國在應用研究上花費820億美元，其中超過半數的資金來自企業。[24]大學、醫院、合作研究實驗室和創業公司主導大部分的應用研究，在這一階段，因為對私有產業資金十分依賴，即使政府也會提供三分之一的資助，公司資金和創投資本仍不可或缺。

美國的研發資金開支總額中，約20%投資基本研究，另外20%投資應用研究，剩下60%用於發展。闡述各國競相增加研發開支的文章數不勝數，而「舊」經濟體在此方面表現突出。[25]2014年，「舊」經濟體研發支出占全球總支出60%，其中美國占31%。要知道，美國經濟只占全球經濟的16%，這個數目幾乎已是兩倍。另外，歐盟研發支出占19%，日本占60%，中國則占18%。[26]

歐美在研究中的領導地位，刺激了當地鏽帶甦醒並發展。但雙方顯然採取了截然不同的資助方式。在美國，企業是最強有力的研究資金提供者，軍事和政府單位也提供了強力支持。有了大學捐助、慈善機構以及充足創投資本，矽谷才得以隨心所欲，盡情發展。

美國的創業公司收穫超過三分之二的全球創投資本，而歐洲只占14%，使得美國與其餘各國相比，優勢顯著。[27]

相比之下，歐洲的優勢在於類似夫朗和斐協會的公私合作機構，以及歐洲社團對一些長期計畫的慷慨解囊，如未來工廠（Factory of the Future）及歐州散裂中子源（European Spallation Source）等。此外，一些科學園區的育成中心也提供了不少幫助，清潔能源組織也提供了津貼補助。

歐美對於創業公司的態度有天壤之別，令人震驚。美國的創業公司不僅僅緊抓大眾想法、備受歡迎，更是創新的主要動力。而在歐洲，雖然情況有所改觀，但失敗的企業家仍受輕視；美國的創投資本家則將失敗紀錄當作榮譽勛章，也是投資之前十分看重的前期經驗證明。在歐洲，最受尊敬、備受寵溺的，反而是中型公司。

格拉西亞股份公司（Grazia Equity）是位於斯圖加特的一家創投公司，饒申布士（Alec Rauschenbusch）是公司創始人之一。我們在現代化的辦公室內會面交談，窗外斯圖加特景色盡收眼底。談話中他告訴我們：「德國缺乏的正是創業文化。我們擁有大量汽車研究專家，讓特斯拉能夠創立發展。但是，我們並未為製造業的年輕企業家，提供合理生態系統。銀行不出借貸款，缺乏信用評級系統，創投資本也不足。」[28]正因如此，歐洲年輕的工程師不自己創立公司，而是希望擠入博世（Bosch）、戴姆勒（Daimler）和保時捷（Porsche）等全球巨擘公司，或是IBM、惠普（Hewlett Packard，簡稱HP）等一些歐洲的頂尖美國公司。對於他們而言，大企業內的研發仍然是一個非常重要的模式，年輕工程師仍被大型穩定組織的優點所吸引，傾向在這類型公司就業。

創投資本

創投（Venture Capital，簡稱VC）專門在公司初期投資，投資對象通常有尖端的科技或經營模式，因此創投多集中於生命科學或資訊科技等高科技產業。[29]創投常常以公司股權作為交換。而創投公司投資的企業，所創造的收益占全美總額兩成。[30]許多著名公司僱用了超過八分之一的美國人，但若沒有創投，公司不可能存在。指標性的科技公司如微軟、蘋果、亞馬遜、谷歌、臉書和推特等，以及一些領先的生命科學公司，如波士頓科學（Boston Scientific）、直覺外科（Intuitive Surgical）、安進、基因泰克（Genentech）和健贊（Gemzyne）等，這些公司的巨大成功，可能全部或者多少都歸功於創投資本。

所有創投在投資時都有一個共同目標，即從一間年輕公司買進顛覆性技術、高額潛在利潤和嫻熟的管理隊伍。創投既有私有來源，也有公共來源。私有來源有兩種，一種是專營創投的公司，一心利用公司收集的贊助者資源和公司管理的資金，進行投資。一間創投公司的平均投資約為400萬美元，[31]許多創投公司專門投資特定產業。美國大概有1000家創投公司，大部分集中在矽谷、波士頓到劍橋一帶以及紐約市內。[32]第二種私有資金來源是一些大型科技公司的創投分支公司，如谷歌、英特爾、思科、微軟和高通，以及一些生命科學公司如嬌生（Johnson & Johnson）、美敦力、生物基因艾迪克（Biogen Idec）、葛蘭素史克（GSK）和羅氏藥業（Roche）等，都有旗下創投分支。過去的20年內，這些公司總共投資了610億美元，占創投總額的10%，投資總額的17%。[33]

創投另一個來源是公共產業，尤其是一些在美國十分重要，但又少為人知的政府支持投資者。其中一個最大膽、最創新也最重要的機構，就是國防高級研究計畫局。這個國防部創投分支於1958年花費30億美元創立，就是為了投資人造衛星。從那以後，國防高級研究計畫局的資助和競賽，在發展包括網際網路、無人駕駛車、新一代機器人和各種新材料等重大技術方面，扮演著舉足輕重的角色。而能源部管理的能源高級研究計畫局（Advanced Research Projects Agency-Energy，簡稱ARPA-E），比起創投，更關注初期研究發展。

即使是美國中央情報局（Central Intelligence Agency，簡稱CIA）也參與了創投圈子，設立了In-Q-Tel公司（In-Q-Tel）。In-Q-Tel公司是一家非營利性公司，於1999年成立，歷年來投資了200家創業公司，每年投資高達6000萬美元，目前仍持有包含100項

創投的投資組合，總資產達2億1900萬美元。[34] In-Q-Tel公司雖然專注數據分析和網路安全，[35] 但在其他領域一樣成績亮眼，其中對鎖眼公司（Keyhole）的投資最受人矚目。鎖眼公司是一家創業公司，專門開發衛星地圖軟體，於2004年被谷歌收購，成為了谷歌地圖。甲骨文、IBM、洛克希德飛行器公司（Lockheed）和其他公司，都收購了許多In-Q-Tel公司早期投資過的公司。NASA不甘於後，於2006年耗資750萬美元，與紅色星球資本（Red Planet Capital）建立夥伴關係。紅色星球資本是一家創投公司，總部設立在加州，目的是「吸引從未與政府單位交易過的私有產業創新者和投資者。」[36]

展望未來，上述所有機構都必須適應新的創投資金模式，而創投模式在近幾年內將徹底改變。創業公司正受到推動，開始分享育成中心的設備和服務；3D列印讓原型製作更靈活快速、成本低廉，將大大減少最新一代「製作者」的資金需求。弗雷（Kip Frey）是一名連續創業家，也是Intersouth合夥企業（Intersouth Partners）的合夥人。當我們共同參觀北卡羅萊納州的研究三角園時，他向我們解釋道：「如今，要測試一個想法不需500萬美元，只需要5萬美元。作為一名年輕企業家，若不需要那麼多錢，身邊又有眾多志趣相投的天使投資人，為何還要將創業公司的大部分所有權讓給創投公司？」[37]

收購與研究

雖然研究與開發關係密切，我們常常將二者結合成研發一詞（R&D），但事實上，研究和開發需要不同的資源和方法，才能成功。強生、美敦力和許多其他生命科學公司現在意識到，要進行創新研究，既要跳出常規，又要樂於冒險。規模較小、毫不官僚的創業公司，比起等級分明的大型公司更適合這種發展模式。同時，開發過程源於也需要穩定的結構、長期和充足的資金支持、市場支配力等，而這些特點，大型公司必然擁有。因此，對於大型公司而言，要抓緊創新，收購已經成了一種生存之道。這一點，我們參觀明尼亞波利斯時，也有所認識。

美敦力是明尼亞波利斯醫療設備智帶的主力軍。作為模範，美敦力告訴我們，研究可以擺脫幽閉的公司儲藏庫，轉移到嶄新、創新的創業公司。該公司在醫療設備方面的領導地位無可爭辯，每年花費16億美元（也就是9%的收入）投入研發，是典型美國公司的三倍。美敦力過去三年內開發的產品，創造了超過四成收益。對這樣的公司而言，創新和生存並進，並且其內部研發項目聘用了1萬2000名工程師、科學家、技術人員等，占了整個公司員工數的四分之一[38]。

然而，為瞭解公司內部研發計畫的效率問題，執行長伊拉什客（Omar Ishrak）決定，將美敦力的研發重點集中在收購上，並在此過程中解僱了數千名研發人員。內部研究逐漸消失，讓一些批評者惋惜不已。其他人則堅信，許多生命科學公司其實很有可能因為顧慮稅收而進行某些大型收購；但大部分收購決定，都是因為公司意識到收購實屬必然。丹恩（Norman Dann）是明尼亞波利斯的一名創投家，他直言不諱地告訴我們：「大型組織發展緩慢，層級繁雜。研究人員不會因為做得太慢而被責罵，只會因為做錯而遭到懲處。他們成了無法做決定的孤島。」而丹恩認為，最棒的研發「該由一小隊不分等級的研究人員開發，大家能夠迅速更正錯誤，弄清楚研究中那些無法避免的錯誤，並以此作為工作文化。」[39]因此，雖然美敦力等大公司在管理大型臨床試驗、建立支持系統等產品開發任務管理方面仍然充滿活力，但創新、靈活的創業公司已經接過火炬，為進行新一代的研究做好準備。

私人資金

企業家第一輪募集的資金通常介於5萬到25萬美元，大多源自親友支持、大學或者前任企業家創立的種子資金[40]、類似小型企業創新研究（Small Business Innovation Research，簡稱SBIR）等政府資金項目等。初期資金可能很快耗盡，而一旦耗盡資金，企業家就必須設法吸引外部投資者。但這些投資者屬意的創業公司，要有獨特產品，成長歷程激動人心，管理團隊也要能力超群[41]。創投公司亦堅持清晰的撤資策略，呼籲公司七年內退出對創業的投資。因為他們認為初期投資風險太大、規模太小、耗時太長，且要對投資人負責，通常會避免在初期進行投資。

企業家弗雷（Kip Frey）相信，因為舊融資模式已經過時，與智力共享和智慧製造的世界並不相容，所以在創業初期，創投資本不是重要的資金來源。他說：「某些產業如唱片、影視產業等等，一次巨大的成功就能彌補此前多次失敗。而在這類產業，幾乎沒有創投公司能夠獲得成功。」就他觀察，對於許多創投家而言，如果手上只有五家左右的公司能取得八成回報，實在很難讓贊助人、退休基金為數不多的合作夥伴滿意 。而且，如今本地企業家面對手握全球人才網絡的跨國企業，預想到其將來擴大商業規模的盛況，覺得其更有發展前景。

創業公司的融資方式正在改變，為填補資金缺口，三類組織挺身而出：天使投資人、企業育成中心和群募（crowdfunder）。天使投資人多是富裕的個體，且往往本身也是企業家，投資他人是為了滿足其本身需求。天使投資人被愈來愈多創業企業家所吸引，因為比起和典型創投公司交易，類似安排更為靈活。2012年，在美國天使投資總額達230億美元，[42]在歐洲則達55億歐元。而且如今，美國有超過25萬名天使投資人，人數幾乎是歐洲的十倍。[43]

育成中心為早期創業公司提供一個安全的天堂。當公司想進一步發展時，育成中心會提供共享的實驗室和辦公空間，而且這類安排常常從當地或國家計畫衍生，以吸引更多年輕的新企業家。在美國有1400個企業育成中心，歐洲則有1000個，其中近半數分布在德國，這些育成中心每年支持3萬間新公司。天使投資人和育成中心這兩種不斷發展的資助，在歐美已成了不可分割的重要來源，占初期投資近乎四分之一，[44]並在隨後一輪投資中仍保有一席之地。

諸如Kickstarter、Fundable和Indiegogo等群募網站是最新的早期資金來源，並為普通人提供機會，為研發出一分力，這種機會前所未有。若有人有奇趣點子，卻缺少商業頭腦，亦無長遠發展策略，無望吸引傳統創投資本，有了群募，就有機會實現美夢。例如，Form1 3D列印產品公司，號召了2000名贊助人，籌集300萬美元資金，提供給麻省理工媒體實驗室（MIT Media Lab）的研究人員，方便其研究組建價格合理、可用於3D服裝列印的家用打印機。[45]總而言之，這些過去十年內極受歡迎的天使投資人、企業育成中心和群募，鞏固了私人資金在研發鏈中的重要地位。

相關建議

因此，基於世界各地智帶成敗案例的研究分析，我們得出以下建議，希望融資環境更有利於新產品創新的智力分享：

政策制定者應該建立政治共識，支持基礎研究，即使預算緊縮也應如此。不資助基礎研究，實是「省了小錢、丟了大錢」，因為基礎研究在創新、經濟增長、生活水平方面的回報極高。例如，NASA所花費的每一美元，在經濟活動上都獲得了九美元的收益。[46]並且，NASA的創新為每家衍生公司都創造了100萬美元的收入。[47]緊隨金融危機，大家普遍憂慮基礎研究資助會被削減。但幸運的是，這種情況基本上並未發生。但威脅仍然存在。大家都十分期待促成商業應用，賺取利益，以獲取有形成果，甚至焦躁不耐。這種不耐，過去在貝爾實驗室亦體現過，如今一如往常，仍然存在。即使學校課程沒有學習創新影響的設置，政治領袖、教育者和娛樂產業都應該共同合作，確保學生自高中開始就能有所學習，日常生活若沒有基礎研究衍生的創新發明，將有天壤之別。

後期經濟若有回報，政府資助研究有權獲利。如果政府在金融危機期間向公司提供幫助時，或者給大學學生提供貸款時，可要求高利息率，那麼政府支持應用研究也理應獲得經濟回報。如果相關法律條款能讓政府在資助企業或創業公司時，成為謙遜的經濟合作夥伴，將建立一種可見聯繫，展示成功例子，更允許投資利潤再次資助未來項目。主要研究型大學的技術轉讓和授權方案早已吸取這一經驗，政府也應如此。可分撥部分利潤，資助在職學習項目，發展職業訓練。

創投資本家應讓投資者學會長遠考慮，早作打算。除了軟體、社交媒體和生命科學以外，還有許多創新發明，能夠吸引幾大部分風險投資。業界準則表明，只有五分之一的投資能有所回報，但是偏差較小的投資組合，雖然大贏家極少，卻會帶來許多更可靠的執行者。作者安東尼曾是一名投資經理，親眼見證過新興市場股票，如何透過提供多樣選擇，幫助緩和風險較大投資固有的波動。同理，風險投資家應該利用這一經驗，擴大投資產業範圍，實現多元投資。

管理與文化

研究表明，智帶中心的主要目的，一直是努力研究策略，解決如今複雜的技術挑戰。但要應對挑戰，常常需要進行新工作安排，推動和促成相互合作、跨越學科的合作關係。這種關係在智力分享計畫中必不可少。因工作安排將涉及計畫的不同階段，計畫人員也從屬於不同的管理結構，靈活處事的彈性是關鍵。

跨國公司大多層級繁雜，工作關係存在已久，要靈活安排並不容易。例如通用電氣的執行長伊梅特（Jeffrey Immelt），希望公司能在多功能團隊的管理下運作，並與教育機構合作。但許多員工都是工會成員，而伊梅特的主張並不符合工會規定。伊梅特不欲與工會相爭，只希望說服對方，他本人的目標是創造新工作，並非淘汰舊工作崗位。於是，每次開放設施、建立夥伴關係以創造新機會時，他都會合理降低某些職位的薪酬，盡可能放鬆規定。透過建立共識和相互信任，伊梅特在美國策劃多宗交易，不但創造了許多工作機會，更改善了工作現狀。他與法國的交易也很成功：2014年，通用電器希望獲取法國阿爾斯通公司（Alstom）的大部分資產，該交易有一定政治風險，競爭十分激烈。

伊梅特理解到，創新不僅涉及技術過程，更影響社會和文化，三者同樣重要。在他的帶領下，還有許多執行長也想建立新型管理結構，即能適應智力共享，又與工會和平共處。這一點在某些前鏽帶地區極為重要，因為在這些地區，工會通常在大型製造業活動中地位崇高，如汽車製造和鋼鐵製造等等。但一旦涉及高科技產業，工會就不那麼精明了。

歐洲情況更為複雜，因為僱員和工會都是福利制度的一部分，而這種福利制度，民主政府已建立了半個世紀之久。制度承諾讓人民工作穩定，但這一承諾與靈活安排相悖。政策制定者面臨的嚴重問題是，如何讓公司和員工個體行動自由，同時還讓員工保持團結。數十年來，歐洲一直在意識層面討論如何高度治理社會，但如今討論方向更加切實可行，也更關注地區層面問題。

這方面其實已有進步。經濟危機發生後，德國和荷蘭的工會、僱員、政治當局等等關鍵人物或組織，都願意並能夠提出更靈活的工作安排，雖然有的時候，這種靈活安排只是暫時性的。然而，歐洲的政策制定者仍然憂慮，改變福利制度會讓歐洲患上「美國疾病」（American disease），出現收入不公、差距龐大，愈來愈多人的生活在貧困線以下等「症狀」。但對歐洲而言，默默無為並非良策。歐洲當局的挑戰是，面對更加靈活這一需求，要給出可行的回應，同時還要構想新的方式，促進社會團結。

歐洲和美國別無選擇，只能轉變傳統製造方式，發展智慧製造。正如我們在第一章中所言，只要採取這兩種方法，一切將大有改觀。

新的工作方式特點不僅牽涉技術過程和管理結構，還將影響文化和社會規範。我們受明確的市場焦點驅使，強調團隊合作、創造能力、訊息分享和跨學科關係，並將徹底顛覆傳統等級系統和管理文化。但改變定會成功，大學和醫院也正在轉變的前線奮鬥。

我們曾討論過，智力共享新模式之所以能興起，至少部分原因是受巨大推動力的影響，尤其是受需求所迫。但領導力在加快進程、提高成效方面功不可沒。領導者必須增加在職人員名單中專業人員的比例，學會比以前更好地管理公司。這些專業人員的個人觀點強烈，堅守自身原則。比起官方權威的命令，他們更樂意響應鼓舞人心的願景。領導者必須意識到，創新和合作不能只靠經濟目標推動或評估，必須設立更高目標，例如尋找並占領新的市場，創造新產品等。提高效率總有必要，但增強效應才是關鍵所在。

對於領導者而言，要嘗試不同管理形式，接納新的思維方式，倘若時機恰當，或許能夠事半功倍。遇上經濟繁榮、產業擴張、公司業績較好的年分，改變又會更加容易。然而，當壓力增加時，領導者往往會打回原形、遵循舊習，開始顯示權威，挑撥離間。**面對困境，領導者最大的挑戰是如何分享智力，廣納各類人士與群體的意見想法。那股探索新奇主意的熱情，種種顛覆傳統的解決方案，正是領導者另覓出路的線索。**領導者若拒絕創新，排擠不同時期的跨學科合作，後果可能不堪設想。但若有公司能利用智力共享戰勝困難，甚至解決存亡之患，便可藉此加強組織；應用在面對下次挑戰時，勢必能更加得心應手。

結語

我們終點見

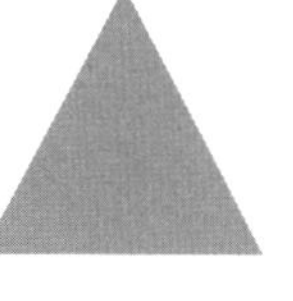

旅程的終點到了。我們一路走過美國和歐洲，探訪那些由鏽帶轉化為智帶的不可思議之地。剛開始，我們對所見所聞大感驚奇，因為智帶散發的旺盛生機，還沒有顯現在統計數據當中。正如前一章討論所見，這無疑是現行政府統計方法的缺陷，若不矯正，政策制訂者就沒有適當的工具可用，也無法做出明智決策。

旅程之初，我們兩位作者以不同視角觀察了「智帶」所發生的事。佛萊德看到密切的智力共享，及其所帶來創新流程的革命。安東尼更感興趣的是新技術的使用，及新智慧產品的誕生。**最終，我們的觀點合而為一：智帶現象，就是在新的流程（智力共享）中連結人們，也連結資訊科技的數位世界、數據分析、無線通訊以及新舊製程，以創出新科技產品（智慧生產）。**我們會見與訪問的數百位新知舊識，也讓我們大受啟發，想法也變得更清澈。啟迪我們的想像，也使我們的想法更具體。有賴他們的幫助，我們得出結論：不久前被視為老舊過時的經濟體，實際上正進入革命性的新階段；全球競爭優勢也將由成本優勢，轉變為智慧優勢。

對美國和歐洲而言，這意味著許多外包的商務活動將會回歸。無疑這是個好消息。盛行幾十年的廉價勞動力優勢將不復存在，新的競爭優勢來自全然不同的經濟與工業格局。各類智慧產品的上升需求，將召喚研發過程的智力分享，以及生產過程的智慧製造。工業與其說是回歸，不如說是重生。新的製造業將高度自動化，產品將小批量客制化，生產過程也將盡可能接近消費者。隨著智慧產品的需求增加、新工作和生產流程的相繼採用，更多的智帶將會誕生。除了書中詳細討論的案例，前言提及的各地智帶也在逐漸成形。

智帶的興起、自動化的擴散，必然會為目前低成本生產地區帶來致命打擊，中國更是首當其衝。這也固然會影響美國和歐洲的就業前景。誰將是職場最夯的人才？現在要另行判斷了。這也恰恰是我們寫書時，身邊人士不斷提起的一個十萬火急的問題：未來職場會如何變化？

其實這是老問題了。自從工業革命以來，人們每當處於恐懼（有時往往是在恐慌邊緣），就會擔憂工作前景。過去幾十年，我們目擊數百萬工作消失，聽聞中國成了世界工廠。然後，2008年那場深度的經濟危機，以及智慧機器人出現，都讓各種辯論火上添油。未來人類如何謀生？未來世界的工作是什麼？我們還可以進一步追問：智力共享及新智慧經濟產生的效益，將從上層1%擴散到中產階級？或者相反，所得與財富的不平等將更為惡化？

全球各地中產階級進一步空洞化，不但將加劇社會衝突，也將減緩消費需求，人們竭力改善生活水準，卻頻頻遭受打擊。這在美國已是顯著的社會問題。近年中產階級福祉受到威脅，主要由於2008年的經濟危機，也與更早之前不斷削弱的工會勢力有關，但沒落的鏽帶能否扭轉逆勢，始終還是個問號。鏽帶能否重煥活力，復活速度是否夠快，最終能否依靠教育和地利以反敗為勝，全是未知之數。

我們認為，關於中產階級和整個社會的工作流失問題，源於認知不周全與各種誤導。認知不周全，是因為人們更傾向計較流失的工作，卻忽略了新誕生的工作。而各種誤導，是由於人們搞錯了重點。真正該關注的不是有沒有工作，而是有沒有足夠的技能。（而且憂慮也是無濟於事，因為許多「流失」的工作，就算沒有外流到中國，也會變得過時和不可持續。）緩慢的薪資成長、薪資差距擴大，以及長期而言，就業訓練和教育的不平等，這些才是真正值得該關注的事。

幾世紀以來，每一波的創新（從蒸汽引擎到網際網路）都帶來工作流失，某些技能隨之過時，但也帶來更高的生活水準。熊彼得（Joseph Schumpeter）所稱「破壞性創新」，在人類歷史中反覆出現。美國革命戰爭年代，農業人口比例占勞動力的九成。1900年代，這個比例降到38%。到了2000年代，更萎縮到2%，但如今的糧食生產卻更多。[1] 曾經，曼哈頓一個地方就有20萬個升降梯操作員的工作，也全部被自動化電梯取代了。打字員、電報和電話接線操作員、牛奶工人、銀行櫃員——被經濟取代及吸收的工作種類太多，難以一一細數。**工廠倒閉、金融危機、工作外包所致的工作流失往往集中在單一區域，也有切膚之痛，固然會成為新聞事件。但同時，散見於各地的種種新工作正在誕生，卻幾乎完全不受注意。人們本就善於適應調整，堅韌不撓，但翻開經濟史冊，卻有大量事件表明這些特質曾被一再低估。如今這些可貴特質已經再次顯現眼前，成為鏽帶重生，轉變為智帶的催化劑。**

將工作流失歸咎中國，是簡單且政治上有利的做法。實際上，是工廠（就像農場的例子一樣）效率提升，過去所需的工種也隨之失去用處，甚至再無必要存在。 例如，2012年鋼鐵業的9萬4000名員工，比1980年的將近40萬名員工，產量多過14%。[2]平均一個通用汽車員工現在每年生產28輛汽車，是1950年代底特律全盛時代平均每個員工產量的四倍。痛苦的調整？有！但汽車和鋼鐵產業的終結？並非如此！甚至其實應該這麼說，今日的社會繁榮，是生產力持續改善的直接成果。

在《與機器競賽》（*Race Against the Machine*）書中，作者布倫喬森（Erik Brynjolfsson）和麥卡菲（Andrew McAfee）提出了「勞動需求兩極化」的概念，代表未來對高技術工種和低技術工種的需求上升，而中技術工種的需求卻減少。這就是數十年薪資不動如山，以及經濟產值中勞動份額存在下降壓力的原因。根據我們在美國及歐洲的訪查，和對勞動統計數據的研究，我們同意「好消息是經濟的生產能量根本地增加了，壞消息是並非社會裡的每一個人都能自動受益。」[3]

贏家當然不少，但並非所有人都進入贏者圈。過去如此，未來也將如此。其中的關鍵差異在於教育。舉例來說，高中教育學歷以下的人（過半數在2000年從事製造業）是主要的受害者。在2000年到2012年期間，社區、職業學院文憑及研究所學位的人獲得更多的製造業職位，而這個趨勢預期還會加速。[4]

我們認為，若預測未來還有數百萬個工作將流失，未免是過度誇大，至少在美國與北歐是如此。這些預測是看到後照鏡的世界。其實在1980年代開始的工作流失，已經逐漸離開我們。[5]美國大約有74萬個生產線工作（曾經是製造業）流失，僅占製造業全部職位的6%。[6]未來，在舊經濟領域的自動化之下，服務業工作受到的衝擊相信會最明顯。[7]受影響的也未必都是低技術工作。例如，大數據分析將創造許多新工作，但這種對複雜模式辨識的需求將影響現有的許多工作，包括放射學家、翻譯、口譯人員、間諜以及分析師。

過去幾十年和未來幾十年的另一個重大區別，是人口的變化。我們對戰後嬰兒潮影響的理解仍然不足。失業人數在2008年經濟危機以後的六年間突然上升，使我們忽略了美國這批嬰兒潮世代的熟練工人已在2011年開始退休。2013年的退休人數，就比2007年多了300萬人。一般而言，人口老化將使得勞動參與率進一步下降，不管經濟好壞都是如此。[8]

現在轉到故事的另一面：創新產生的高技能和低技能新工作。這些新工作為何？在哪裡？我們認為不僅在高深工業領域（仍在不斷蓬勃發展的網際網路、軟體、研發、生物科學），也在這些產業領域創造的支援和相關產業。今日，美國有一成的職位屬於「創新部門」，也相當於製造職位的一成。這些創新部門不僅本身有人力需求，如柏克萊經濟學家莫雷蒂（Enrico Moretti）在《就業機會的新布局》（*The New Geography of Jobs*）所述，都會區高科技職位的乘數效果高達五倍。一個高科技職位帶來的額外工作機會有五個，包括三個專業職位，例如醫生、律師、瑜珈教練，以及兩個低薪資的非專業性工作，例如餐廳服務員及商店店員。[9]

在產業與社會變遷之際，我們對抗歷史潮流。相反地，我們需要明白，正是創新使我們保持競爭力。創新是市場經濟裡的重要驅動力，也比貪婪更為重要，更加永續。別忘記列寧所言之教訓，貪求利潤的資本家，會把繩子賣給那些用來絞死自己的人。[10]

創新不僅不可或缺，而創新的概念本身也與時俱進。雖然熊彼得談到破壞性創新，人們對具革命性、突破傳統、前所未有、出乎意外的創新充滿綺麗夢想，但事實上多數創新都是逐步漸進而來。因此，我們慢慢會把創新想成連續的整合過程，包括流程換新、產品更新和技術演進。就像孕育生命的氧氣，給社會、組織和地區帶來新生命與活力。然而，這個流程比較難以目睹，不像破壞性創新會帶來毀滅或引起顯見變化，對部分人而言也比較難以應對。**我們必須再次強調，應對的祕訣仍然在教育與訓練，包括對創新的文化與社會影響的重視。**

當智慧製造的機會集中於智帶和創新樞紐，人們需要提升自我的適應性。為了對新的競爭環境提供價值，我們需要熟練廣泛的技能，包括許多社會技能，也要認識到不斷變化的需求，並在我們的能力落伍、不再有用之前盡快調整——這是個人的責任。僱主的責任是協助員工調適，獲取所需技能。在其間，員工會把職位視為終身的個人教育課程，而不僅是一個餬口的工作。

連接者的技能，會變得對公司愈來愈有價值，特別是在區域的聯合倡議方面。他們也帶來社會創新，以便達成智力共享與智慧製造。跨領域關係的工作中，競爭也得到重新定義。競爭將在團體之間，而非在個人之間。當然，就算群體之間彼此競爭，他們也必須相互學習。連接者協助人們完成其團體目標的同時，也保持開放與大方的態度。這誠屬罕見的技能與品格的組合，因此，公司會競相爭取連接者，就像他們爭取技術人才一樣。

就業市場的型態變化，對職業訓練將有重大影響。但在我們的旅程中發現，職業訓練在美國幾乎已經消失。雖然不少地方及區域計畫正在重建職業訓練系統，但仍然需要更大規模的倡議來推廣技能教育，幫助年輕人看到「把東西做出來」既好玩也充滿挑戰。德國是值得全世界效法的模範。德國人一直是公認的機器生產專家，認為製造可靠產品是國家的驕傲。職業訓練是德國文化中的一個基礎部分。雖然其他國家要複製德國體系並不容易，但我們可以從中學習，調整到符合本國需求的制度。

而歐洲人可學習美國的金融網絡，特別是其對分拆公司與新創公司的支持，從而建立創業家的精神。雖然創投主要集中在矽谷、波士頓——劍橋、和紐約，但美國的資本市場的整合，使需要資金的地區容易接觸到所需的資源。相對之下，歐洲的資本市場比較零散，由於各種限制，資源無法得到最適切的分配，最有需要的區域也得不到照顧。

我們這一趟智帶之旅，最感吃驚的是當地政治領袖、企業家和科學家展現的務實、雄心、與協作精神。協作不僅是政治或商業的熱門字眼，更是勢在必行的真實活動。透過協作，新的市場力量與行政網絡形成。地區的政治領袖成了協調人與連接者。他們的務實取向產生了更好的政策，以及更為長遠的觀點。

雖然智帶地區正主動應對諸多眼前的挑戰，但更高層級的投資與倡議，始終必須來自國家層次的更高權威機構。例如，如我們在到訪之處所見，基礎建設的改善十分必要。特別是能實現電力生產去中心化的全國電網，以及能處理物聯網之間數據爆炸的無線寬頻網絡。

國家政策制訂者也必須推廣跨領域協作的各項倡議。我們在各地訪問的科學家都異口同聲，要面對晶片、新材料、生命科學的複雜挑戰，跨領域協作刻不容緩。歐巴馬政府在此邁出了一小步，投入了5000萬美元於國家積層製造創新學院（NAMII）。這筆小額預算不應被視為上限，而應是鼓勵不同企業與大學共同提出研究計畫的誘因。在歐洲，類似的發動者主要來自應用研究機構，他們讓公司、大學的跨學科的協作更容易進行。波特蘭OHSU的格瑞就預測了，「未來的諾貝爾獎將頒發給一個團隊，而非一個人。」

旅程中，我們所見到跨領域協作與智力共享的熱忱，不時也被懷疑論者質疑。他們既擔心科學自由受到限制，也擔心基礎研究會絕跡。我們對這類的憂慮極為重視。不需直接和立即服務於產品商業化的基礎研究，永遠有需求。要追求商業潛力不確定、但未來可能在各方面為社會帶來可觀效益的新知識，基礎研究依舊是唯一的途徑。例如，哈伯太空望遠鏡（Hubble Telescope）多年來在外太空提供了大量的資訊，讓人們對宇宙有更深刻的洞見，但它並沒有直接催生新的產業，也沒有創造實際的現金流。

其他人則對科技、數據分析、物聯網有更深層和更根本的憂慮，即耳熟能詳的隱私和資訊安全問題。本書描述了新科技如何幫助人類正面處理主要的社會挑戰。例如，我們談到3D列印和機器人將顯著改變生產過程。感應器與晶片透過無線網路，將提供連結萬物的數位基礎設施。

但我們所聽聞的憂慮，是科技逐漸滲透到日常生活以後的代價。科技怪獸奪走了工作，也為人類代行愈來愈多的決策。人類會成為科技怪獸的僕人嗎？毫無疑問，新科技對人們的生活方式將有很大影響，也將在政治領袖、研究人員、企業與非政府組織間，引發各種倫理問題和隱私爭議。理想上，這些對話會達成共同協議與諒解，以防止人類被意想不到的、失控的科技雪崩所掩埋。

社會的討論也許需要時間，才可導出決策，指引行動方案。如有必要，人們在某些新科技與產品的部署上放緩步伐，或許也是明智之舉。就此，我們有一個驚人的例子。2015年春天，一群生物學家呼籲終止使用新的基因組編寫技術，因為這種技術將改變人類DNA序列及遺傳圖譜，而我們對其潛在的風險與效益所知仍然不太多。[11]

電影導演佛列茲・朗（Fritz Lang）在其經典作品《大都會》（*Metropolis*）刻畫了大約2027年悲慘的科幻城市景象。他認為，科技本身沒有靈魂。只有人類能夠將科技導入正途，預防階級壁壘分明的科技統治世界。

做法之一，是重新思考過去半世紀引領人們的原則：金錢。在這段期間，獲取財務報酬一直是人類活動的核心驅動力和主要的成功指標，特別是在美國。金錢流動決定了社會與政治生活。金融增長變成了對錯的標準，成了價值有無的標準。2008年的金融危機是一個警鐘。突然間，我們必須捫心自問，這是我們所要的嗎？這是我們用來衡量自己，用來教導孩子的嗎？愈來愈多人對此問題的答案是：不！

那麼，金錢以外，引領行動方針的原則會是什麼？未來數十年，兩種新力量將在人類與科技的關係裡，扮演決定性的角色：物聯網和智力共享的需求。這兩種力量使人類不可或缺，因為我們具有知識、專業與同理心。也就是說，行動方針的原則應該基於，何種活動最能夠實現我們作為人類的潛力，以及實現一個社會的潛力，而不是在口袋和資產組合裡放進更多的錢。

但這種關於人類與科技如何並肩的新體認，不會自行發展。**科技之所以獲得靈魂，是因為人類決定了朝這個方向前進。這正是為何智帶區域如此重要的原因。在逐漸形成對智帶變化的認識之後，我們瞭解到智帶不僅是一個地區或一個實體設施的組合。確切而言，智帶是一個思考與行動方式的意象，是對新的全球競爭力的**

描述，是富含深刻社會情懷的科技發展。協作團隊的智力共享，不鼓勵過度的所得不均，也不歡迎贏家通吃的心態。因此，雖然我們認知到關於隱私、安全、甚至道德的憂慮，但我們相信處理諸種關鍵議題的唯一途徑，是致力於跨領域智力共享的嚴格實踐。

由於以上種種，我們不需要說「小心」智帶。相反地，我們要對一個更有智慧、更多協作、更具效能的世界道出「歡迎」。

鳴謝

本書由兩位作者合著而成。我們二人的職業生涯一直與金融行業息息相關，各自都有涉獵，也一直深入觀察。安東尼曾在普通銀行和投資銀行擔任要職，也是一名投資管理人，近年率先見證第三世界國家飛速冒升，形成新興市場，當地企業奮起直追，在全球市場盡顯競爭實力。佛萊德是一位新聞工作者，過去十多年一直關注歐洲金融發展情況，亦從中發現，一切關乎經濟和財政的辯論，歸根究底都是政治紛爭，其核心焦點在於整個歐洲應如何整合為一體。

過去30年，人們看到一種全新的全球金融秩序正在形成，而後在2008年金融危機時幾乎崩塌盡毀。傳統產業固已沒落，美國更是頹勢明顯。然而，我們並不認為發達國家的製造業已隱入歷史。相反，我們觀察到一種全然不同的趨勢：廉價勞力已失去優勢，智慧創新帶來的附加價值才是致勝之道。

這部拙作得以面世，有賴諸位朋友鼎力相助，一直勉勵我們用心寫作，澄明想法，也為我們指點迷津，針砭發問。拙著推出之後，不論反應如何，皆由我們二位負責。

書中談及「連接者」的重要作用。據此而言，是次寫作計畫亦離不開兩位重要的「連接者」。一位是Jan Fred van Wijnen編輯，我們二人的合作由他促成。另一位是John Butman編輯，寫作途中我們一度靈感枯竭，苦無進度，經他妙筆一揮，修改潤飾之後，書稿又重返正軌。至於書名，我們曾有多個提案，也再三否決，最後還是靠他一語中的。為此，我們感激不盡。Public Affairs出版社創始人Peter Osnos，在聽說我們出書計畫之後，立刻表示支持，也讓我們大為鼓舞。此外，承蒙出版社主編John Mahaney一路提點，本書才能以小見大，一展當今格局。成書期間，佛萊德一度病重，擱筆數月，主編能變通應對，亦對作者關懷備至，讓人感動。付印前後，幸得本書項目主編Shena Redmond悉心安排，確保一切妥當無誤。終稿文字清爽，印刷精美，則有賴Michele Wynn編輯的嚴謹作風和排版技術。

我們也要感謝安東尼的助理Daniel Huffman。他為所有人物訪談蒐集背景資料，悉心編輯早期文稿，並借助谷歌翻譯，將佛萊德著作譯寫為通順的英文版本。在終稿階段，另一位助理Cathryn Hunt 為本書各章徵求和挑選插圖，令拙著生色不少。葛登羅斯科夫國際諮詢公司（Garten Rothkopf）的同事Yuxin Lin 和Jonathan Goldstein亦為本書的研究調查盡心盡力。書中所述，言簡意賅，切中核心，則有賴資深傳媒人James Gerstenzang在動筆之初的寶貴建議。

寫作不易，承蒙多位業內好友撥冗閱讀初稿，才有如今的成果。為此，我們要感謝David Rothkopf, Claire Casey, Strobe Talbott, Bruce Katz, Mark Muro, John Hauge, Rita Lun, Steven Silver, Carl Peck, Bob Kaiser, Hamilton Loeb, Thees Peereboom, Rien van Lent 等人。我們訪問過的不少專家學者，亦不辭辛苦，幫忙檢閱書中內

容，有時還予以指正，確保我們二人所述、所學、所察均準確無誤。Peter van Agtmael替安東尼拍攝作者小照，亦深入奧巴尼無塵室，攝下珍貴圖片，在此謹表感謝。

安東尼在世界銀行組織、EMM企業行動管理部門和美國策略投資公司（Strategic Investment Group）的同仁好友都曾為本書提供寶貴資料。我們也曾前往布魯金斯學會、美國公共廣播電台和彼得森國際經濟研究所（Peterson Institute for International Economics），與各路專家促膝長談，獲益良多。佛萊德在《荷蘭金融日報》的同事及歐洲金融界的朋友亦奉出真知灼見，令本書順利寫成。在此一併致謝。

作者二人走遍歐美，閱盡相關書籍，又在電腦前奮戰多時，忘乎所以而近乎痴迷，終成此書。有此種種，固難博家人一笑。為此，安東尼對妻子Emily感激不盡，佛萊德對妻子Frances亦不勝言謝。兩位夫人本可有更好的選擇，卻一再容忍，不厭不棄，至為難得。

注釋

前言

❶ 見 Jeffery. R. Immelt. 'The CEO of General Electric on Sparking an American Manufacturing Renewal.' *Harvard Business Review*（March 2012）.

❷ 德州大學學生人數達4萬8000人，其中8000人就讀工程學系，電腦科學系也實力超群，獲得蓋茲基金（Bill and Melinda Gates Foundation）和戴爾基金（Michael and Susan Dell Foundation）資助。奧斯汀也擁有超過3600間生物科技公司以及近1000家私營科技研發公司，員工人數超過2萬人（見www.biospace.com/News/top-12-hot-biopharma-regions-for-growth-and/347389）。德州的物理學家和生命科學家數量在全美各州排行第二。德州政府在2005年成立新興科技基金（The Texas Emerging Technology Fund），已撥出的經費超過5億2500萬美元，其中半數撥予大學院校，半數則資助145家新創企業（見www.ce.org/i3/Move/2015/March-April/Tech-Hub-Austin.aspx）。2014年，德州大學奧斯汀分校（University of Texas at Austin）、萊斯大學（Rice University）和德州農工大學（Texas A&M University）三所院校，獲美國國家科學基金會（The National Science Foundation）指定為全國產業創新中心 Entrepreneur Innovation Node）之一，並得到375萬美元研究經費（見news.utexas.edu/2014/08/26/nsf-i-corps-node）。奧斯汀的電玩和網路產業也規模龐大，而且增長迅速。

第 1 章

1. 見 "Intel in Oregon," Intel, at www.intel.com/content/www/us/en/corporate-responsibility/intel-in-oregon.html.

2. 公司簡介見www.qiagen.com。

3. 見ToolPoint實驗室科學網頁，www.toolpoint.ch。

4. 以下僅舉幾例，蕭克立（William Shockley）曾任職貝爾實驗室，對於研發電晶體舉足輕重，後來搬到了加州；蘇聯發射史波尼克衛星後，甘迺迪總統宣布登月競賽，美國太空總署的資金自然用於登月，蕭克立的同僚隨後成立快捷半導體（Fairchild Semiconductor）和英特爾；德佛瑞斯特（Lee de Forest）是研發真空管的先驅；惠利特（William Hewlett）和普卡德（David Packard）畢業於史丹佛大學，二人研發了示波器、個人電腦和噴墨印表機，是最先由車房搬到史丹佛工業園區的人。他們發揮了各自原來的優勢（通常因為握有國防合約），包括電報、短波無線電、特高頻傳輸技術、雷達和航太等方面。

5. 見Fred Bakker and Jeroen Molenaar,"Duurzaamheid als drijfveer voor innovatie" (Sustainability as a driver behind innovation), Het Financieele Dagblad, May 5, 2012, Amsterdam.

6. 見poet-dsm.com。

7. 摘錄自2013年8月24日於壬色列理工學院進行的訪問，受訪者包括傑克森校長和出任研究副校長的生物學教授多迪克（Jonathan Dordick）。

8. 2014年6月12日與史匹格於蘇黎世進行訪問。

❾ Rethink Robotics現與Sonoco Products Co.的封口機部門Sonoco Alloyd組成策略聯盟，協作型機器人Sawyer適用於機器操作和電路板測試，可與全自動定制包裝線相輔相成（見Zacks.com，2015年8月12日）。

❿ 麻省理工學院的媒體實驗室（Media Lab）使劍橋－波士頓成為美國主要的機器人技術研究中心，其他中心包括史丹佛研究學院（Stanford Research Institute，簡稱SRI）、卡內基美隆大學（Carnegie Mellon）、加州大學柏克萊分校（Berkeley）和賓夕法尼亞州大學（University of Pennsylvania）。Rethink Robotics專注於機器人的「上半身」，麻省理工的另一衍生公司波士頓動力（Boston Dynamics）（現已被谷歌收購）則集中於「下半身」的平衡和動作。得到國防高級研究計畫局（DARPA）的資助，波士頓動力研發多個可以高速移動的四腳創新機器人。型號Atlas可以承受高負載，清除瓦礫。日本公司Schaft，同樣屬於谷歌旗下，勝出了2013年12月的DARPA機器人挑戰賽，於16個人形機器人當中脫穎而出，贏得200萬美元獎金。日本本田（Honda）的Asimo同樣是人形機器人，可以上下樓梯、交談、踢球和送咖啡。

⓫ 若論第二代工廠機器人，丹麥的優傲機器人（Universal Robots）是Rethink Robotics的最強對手，每年售出800至1000台單臂機器人予博世（Bosch）、BMW和三星等公司，每台售價約2萬6000美元。優傲的UR-5和UR-10機器人雖然成本較高，也沒那麼靈活，但可以承受高負載、更快（每秒可移動一公尺，即略多於一碼）、更準，壽命接近20年，因此每小時的運作成本只是一美元。數據來自Casey Nobile, Robotics Business Review, Perspectives 2013.

⓬ 傳統機器人製造商或初生企業生產大量配備感應器的行動研究機器人，但工業機器人則很少。德國領先的工業機器人製造商庫

卡（Kuka）研發了單臂的輕量機器人（Light Weight Robot，簡稱LWR），和Tosy Robotics的TOPIO一樣，都可以打乒乓球。2011年，ABB發布名為FRIDA（Friendly Robot for Industrial Dual-arm Assembly，工業雙臂裝配友好型機器人）的機器人。日本安川電機（Yaskawa Electric）的美國子公司Motoman Inc.正研發第四代雙臂機器人（SDA系列），有效負載達20公斤，能夠分辨不同顏色的積木，組裝細小的電子組件。義大利理工學院（Italian Institute of Technology）研發的COMAN機器人可以在崎嶇的地形上行走和平衡。艾辛格（Aaron Edsinger）是布魯克斯的同事，參與創辦Meka Robotics，生產研究實驗室用的小型機器人。日本、美國、德國、南韓、土耳其、伊朗和中國等地，正研發更好、更快、更靈活的機器人。資料來源：Perspectives 2013及維基百科。

⓭ 作者分別於2013年6月3日和2014年5月29日，與奈特在華府布魯金斯學會進行過兩次討論。2014年10月15日，於耐吉總部訪問執行長斯普朗克（Eric Sprunk）。

⓮ 見National Institute for Standards and Technology, *Robotics Systems for Smart Manufacturing Programs*, March 20, 2014.

⓯ 3D列印的過程由金屬基板開始，再將第一層材料附上基板。由於每層都薄如毛髮，基板必須十分扁平（少於1/1000吋），避免變形，只要表面稍微傾斜，就會令上層材料不均。塑料印表機會利用噴嘴將隨後一層的材料導向正確位置；金屬印表機則先把一層非常薄的金屬粉末均勻地鋪在基板上，再以高能量雷射蝕刻特定位置，使其與前一層材料接合，再清走多餘的金屬顆粒（回收再用），然後重複過程。

⓰ 揚斯敦位於紐約和芝加哥兩大城市的中點，曾經是主要的鋼鐵和運輸中心。鋼鐵工業衰落後，人口減少六成。

⓱ 受制於美國國會共和黨的阻力和自動減赤措施，撥款一直未能發放。無奈之下，美國總統從其他聯邦機構的預算中湊得4000萬美元，包括國防部、太空總署、國家科學基金會，用以開設一所設施，作為試驗項目。三星期內，聯邦政府很快就發出招標書，全國大學機構和業界有45天呈交計畫書。最終俄亥俄州科技地帶贏得各方覬覦的合約，聯同賓夕法尼亞州立大學，在揚斯敦的舊倉庫設立第一所NAMII設施。

⓲ 技術人員向我們展示了三款實驗性的3D印表機。第一款（也是最有名的）是熱溶解積壓成型印表機（fused deposition modeling printer），在1980年代後期由Stratasys公司研發，近似噴墨印表機，只是將紙張換成一層層快乾材料。消費者可用少於500美元的價錢買到簡化版。第二款是粉床及黏著劑噴塗成型（powder bed and binder jet），由麻省理工學院發明，Z Corporation生產，不用噴嘴，外形像是用來堆沙丘的機器。最後一款為選擇性雷射燒結機器（selective laser-sintering machine，簡稱SLM），由德州大學奧斯汀分校以DARPA撥款研發，熔合不同材料，由塑料到金屬，每層可薄至30至40奈米。2013年6月13日到訪NAMII。

⓳ 赫爾（Charles Hull）參與創立美國3D系統公司，於1984年發明第一台3D印表機。起初主要用於製作原型，現在全世界的研究人員都在比快，測試3D印表機的速度，用來生產各種形狀和材料的產品。

⓴ 見 Marco Annunziata,"Welcome to the Age of the Industrial Internet," TED Talk, December 17, 2013.

㉑ 見Travis Hessman,"The Dawn of the Smart Factory," *Industry Week*, February 14, 2013.

㉒ 同上。

㉓ 通用電氣的能源儲存業務開始時被寄予厚望，但在技術和市場需求方面都遇上困難。詳見第五章。

第 2 章

❶ 語出2013年8月22日作者在奧巴尼對卡路爾諾的專訪。本章所引卡路爾諾的話語，皆出自這次專訪。

❷ 這裡說的十年，是從全球450聯盟2004年成立算起。

❸ 這項研究涉及的平版印刷術，須在極高紫外線波長環境下進行。極紫外光刻的耗電量高，研發部門尚未有解決辦法，所以技術還未能應用於製造過程。就目前所見，平版印刷的高昂成本，似乎是新一代半導體研發工作中的最大障礙。

❹ 見Chelsea Diana，"Angels Open Wallets for SUNY Polytechnic Battery Start-Up"，*Albany Business Review*，April 9，2015。

❺ 傑克遜補充：「在壬色列理工學院，我們喜歡鑽研難題，解決科技創新最初階段的疑難，也特別擅長基礎研究。這一點我們深感自豪。這些研究工作只能由大學進行。正因如此，我們一個耗資1億美元的研究計畫，10%的資金來自產業，另外10%來自紐約州府，其餘80%是聯邦政府提供的研究基金。這種分布與奈米學院完全相反。自2006年起，我們學院與IBM和州府已是合作夥伴，並為此設立奈米創新技術電腦運算中心（Computational Center for Nanotechnology Innovations），配置了千兆級（PEFascale）超級電腦。這是世界上運算速度最快的超級電腦，廣泛用於氣候研究、核融合科學和量子化學等範疇的先進模擬過程。實際上，我們的超級電腦很快就會賽過任何

一所大學的電腦，躋身世界上最快的30台電腦之列。此外，我們也積極運用大數據。我說的不只是處理巨量數據，而是以之為基礎研究的素材，從中形成洞見。壬色列理工學院素以工程學著稱，這裡的學者尤其善於這類研究。」摘自2013年8月21日對傑克遜的訪談。

❻ 格羅方德目前主要股東是阿布達比（Abu Dhabi）政府所持有的先進科技研究公司（Advanced Technology Investment Co.）。格羅方德在2009年從另一母公司美國超威半導體（Advanced Micro Devices）的製造部門拆出而成立，2010年又收購了新加坡特許半導體股份有限公司（Chartered Semiconductor Manufacturing Co. Ltd）。以規模計，格羅方德大約是世界上最大半導體代工廠台積電的四分之一。資料來自2014年8月21日作者在格羅方德的參觀及與盧索的訪談。

❼ 目前，格羅方德能以14-20奈米製程生產300毫米晶圓。

❽ 見www.globalfoundries.com。

❾ 見www.infineon.com。

❿ 見www.hightech-starthabn.de。

⓫ 見www.mpg.de/en。

⓬ 見www.fraunhofer.de。

⓭ 見www.helmholtz.de/en/home。

⓮ 見www.leibniz-gemeinschaft.de/en/home。

⓯ 見www.amtc-dresden.com/content/index.php?xmlfile=general.xml。

⓰ 見www.siltronic.com/int/en/home/index.jsp。

⑰ 見www.das-deutschland.de。

⑱ 見www.hap.de。

⑲ 見www.ais-automation.com/de/index.php。

⑳ 見www.deru-reinraum.de/home。

㉑ 語出2015年11月13日作者在德勒斯登對赫波德的專訪。本章所引赫波德的話語，皆出自這次專訪。

㉒ 見www.infineon.com/cms/de/about-infineon/press/press-release/2014/INFXX201404-033.html。

㉓ 見www.silicon-europe.eu/about/silicon-europe。

㉔ 見 tu-dresden.de/forschung/epc/contact/ueber_uns/ueber_uns/document.view?set_language=en。

㉕ 語出2014年11月11日作者在德勒斯登對戴斯特的專訪。本章所引沃斯伯格的話語，皆出自這次專訪。

㉖ 見www.futuresax.de。

㉗ 見www.dresden-exists.de/index.php?id=30&no_cache=1&tx_queoevents_events%5Baction%5D=teaser&tx_queoevents_events%5Bcontroller%5D=Event&cHash=29-da65cc4d2938c0c24e5b13279263e9。

㉘ 見sherpa-dresden.de/index.php?site=team。

㉙ 見www.intelligentcommunity.org。

㉚ 見www.hightechcampus.nl。

㉛ 見www.holstcentre.com。

㉜ 見www.imec.be。1982年，芬蘭政府設立微電子研究計畫，藉此扶助法蘭德斯的微電子產業，措施包括成立一所先進微電子研究中心（即現在的Imec），建設一座半導體晶圓廠（最初為阿爾卡特微電子[Alcatel Microelectronics]，現在分拆為意法半導體和安森美半導體），並為工程師提供超大型積體電路設計的訓練計畫。訓練計畫現已完全融入微電子中心的架構。中心於1984年成立，屬於非營利機構，董事會由產業、芬蘭政府和各大院校的代表組成。

㉝ 例如，在基質和材料方面，帝人杜邦薄膜（Dupont Teijin Films）、索維爾化工（Solvay）、subs巴斯夫化工（BASF）、拜耳化工（Bayer）、默克製藥（Merck）以及和愛克發印業（Agfa）等公司的知識尤為豐富。儀器供應商和有機材料電子製造商則特別瞭解製造過程和設備需求，例如澳寶科技（Orbotech）、Coherent Navigation導航公司、Roth & Rau光伏公司、ASM太平洋科技、艾司摩爾、Singulus Mastering光盤設備公司以及Plastic Electronic塑膠電子公司。此外，一項技術是否適於推出市場，系統設計應達到什麼要求，則可徵詢飛利浦、樂聲、可捲電子材料公司Polymer Vision等綜合設備製造商，聽取具體的意見。見www.holstcenter.com。

㉞ 見www.philips.nl。

㉟ 見www.asml.com。

㊱ 見《荷蘭金融日報》2004年4月24日所載之溫德斌專訪。

㊲ 語出2014年11月11日作者在德勒斯登對戴斯特的專訪。本章所引戴斯特的話語，皆出自這次專訪。

㊳ 見www.sioux.eu。

㊴ 見www.phenom-world.com。

㊵ 見www.mutraxc.com。

㊶ 見www.bom.nl。

㊷ 見www.brainportindusturies.com。

第3章

❶ 語出2013年6月12至13日作者在艾克朗對蒲恩澤的專訪。本章所引蒲恩澤的話語，皆出自這次專訪以及2014年8月29日的一次後續電話訪問。

❷ 見Luis M. Proenza,"The Akron Model: Toward a New Framework for University Entrepreneurship, a Narrative Briefing for the Ewing Marion Kauffman Foundation"，2011年7月。

❸ 艾克朗奧斯汀生物創新研究所網站見www.abiaakron.org。

❹ 見 jobsohiowest.com/industries/polymers-chemical 中 Jobs-Ohio 和 Ohio Polymers & Chemicals 分頁。

❺ 俄亥俄州的研發預算已從2005年的6億900萬美元，升至2014年的9億8300萬美元；其中4億7800萬來自聯邦政府，1億1800萬來自產業（見www.research.osu.edu）。俄亥俄「第三邊界」計畫預算達21億，資金供予州內科技產業、大學院校和非牟利研究機構（見www.development.ohio.gov）。萊特光電創新中心則是大學與大型企業緊密合作的示範（見www.pvic.orgji及www.oee.osu.edu）。

6 第三邊界網站見development.ohio.gove/bs_thirdfrontier/back-ground.htm。

7 艾克朗高分子系統網站見www.akronpolysys.com。

8 自此開始，鐵姆肯經過業務分拆，成為一家專門生產特用鋼鐵產品及軸承的公司，風機渦輪所用的超大型軸承也在其生產範圍內。

9 引自舒爾曼2010年7月1日的新聞發布，題為"A. Schulman Expands Support for Polymer Research at the University of Akron"。

10 見Karl-Heinz Zum Gahr, *Microstructure and Wear of Materials*, Tribology Series, 10(Elservier 1987)，引自維基百科「Tribology」詞條。

11 語出2013年6月13日作者在俄亥俄州揚斯敦對于英的專訪。

12 資料由俄亥俄州高分子產業下的高分子策略協會執行主任巴博（Dennis Barber）提供，日期為2011年8月。

13 摘自Albert Link於1965年所撰"A Generosity of Spirit: The Early History of the Research Triangle Park"，第10頁。文章由三角研究園基金會被發表。下文所引來自李圖的話語皆出於此。

14 出處同上註，第43頁。

15 《財富》（*Fortune*）雜誌，1966年9月。

16 見www.visinc.com/listing/american-tobacco-historic-district-lucky-strike-cigarette。

17 引自2014年4月23日在北卡羅萊納州德罕市晚餐時的討論。

18 語出2014年4月25日作者對索伯達的專訪，地點是位於三角研究園的科鋭廠房。

⑲ 排名位於喬治亞理工學院（Georgia Institute of Technology）、德州農工大學和普渡大學（Purdue University）之後。

⑳ 語出2014年4月22日作者在羅里北卡羅萊納大學對伍德森的專訪。

㉑ 當時是專為伊士曼化工公司而設。

㉒ 語出2014年4月21日作者在三角研究園對喬拉斯的專訪。

㉓ 見Sven Hemlin, Carl Martin Allwood and Ben R. Martin, eds. *Creative Knowledge Environments: The Influences on Creativity in Research and Innovation* (Northampton, MA: Edward Elgar, 2004)

㉔ 語出2013年9月3日作者在隆德伊德恩科學園對林多甫的專訪。

㉕ 語出2013年9月4日作者在隆德伊德恩科學園對莫賽爾的專訪。

㉖ 語出2013年9月3日作者在隆德對諾倫的專訪。本章所引諾倫的話語，皆出自這次專訪。

㉗ 見www.nlr.nl。

㉘ 見www.avatium.com。

㉙ 見static.tue.nl/universiteit/faculteiten/faculteit-biomedische-technologie/innoveren-met-biomedische-technologie/spin-offs/qtise.

㉚ 見2015年3月9日《荷蘭金融日報》所載的訪問，亦見static.tue.nl/universiteit/faculteiten/faculteit-biomedische-technologie/innoveren-met-biomedische-technologie/spin-offs/qtise。

31 有關彼得斯遷往馬斯垂克的文章見www.maastrichtuni versity.nl/web/Main1/SiteWide/SiteWide11/EersteUniversiteitshoogleraarBenoemdAanUM1.htm。

32 見2014年10月4日《荷蘭金融日報》。

33 TenCate董事會支持這一步驟的做法。見Fred Bakker and Tjabel Daling,"Textielfabrikant als Hoogwaardige Nichespeler" (Textile producer that turned into a high-quality niche player)，載於2012年11月3日《荷蘭金融日報》。2015年7月，荷蘭股本公司（Gilde Equity Management）籌組財團，買下TenCate所有已發行股份。

34 2015年7月，英國公司汽車及航空部件廠商吉凱恩（GKN）買下了福克公司。

35 語出2012年7月作者在荷蘭霍夫多普（Hoofddorp）對柏斯廷的專訪。

第4章

1 他也訓練了巴納德（Christiaan Barnard）以及沙姆韋（Norman Shumway），兩人皆是首宗心臟移植手術的團隊成員，詳見G. Wayne Miller, King of Hearts （New York: Crown Books, 2010）。

2 見en.wikipedia.org/wiki/K%C3%A1roly_Ereky。

3 見en.wikipedia.org/wiki/Molecular_biology。

4 語出2014年10月17日於俄勒岡州波特蘭對福斯（Bernard Fox）的訪問。福斯是當地普羅維登斯癌症中心（Providence Cancer Center）的癌症研究主任，也是新創企業UbiVac的執行長。

❺ 2005年世界衛生組織全球報告"Preventing Chronic Diseases: A Vital Investment"，引自世界經濟論壇（World Economic Forum）："Preventing Chronic Diseases: A Vital Investment"，2011年9月（www.hsph.havard.edu），以及非傳染性疾病聯盟（NCD Alliance）："Addressing Global Inequalities in NCD Prevention and Control for a Healthy Future"，2012年10月。

❻ 語出2014年11月12日進行的電話訪問，以及2015年5月26日於華府進行的會面。嬌生集團是全世界最大的醫療器材企業，有十個大型醫療器材平台，每個的產值至少10億美元，2014年在此一領域的收益達275億美元（總收益為730億美元）。2015年情況會有所改變，因為美敦力將會和柯惠醫療（Covidien）合併；兩家企業加起來在2014年醫療器材的收益達282億美元。見Fierce Medical Devices, April 6, 2015.

❼ 德國的百多力於1963年成立，總部設於柏林，是唯一一家仍然生產心律調節器的歐洲顯著企業。可是，其研究及生產設施位於俄勒岡州奧斯威戈湖。此外還有義大利的索林集團（Sorin Group），但規模小得多。僅有一家中國企業生產心律調節器，但產品的水平遠比不上其他企業。

❽ 伯根思博士（Dr. Richard Bergenstal）和其他明尼蘇達大學的人員進行了有關胰島素幫浦治療成效的臨床研究，並於2010年7月22日發表。

❾ 語出2013年7月29日在明尼亞波利斯美敦力總部對皮朵特的訪問。

❿ 見Scott Litman and John Stavig,"Is Minnesota Successful in Entrepreneurship?" Minneapolis Post, June 17, 2013.兩位作者引述了部分成功個案，舉例說，設於明尼亞波斯的電腦軟體公司Code 42 Software為消費者和企業提供線上備份，在2012年集得5250萬美元；雲端管理軟體公司enStratius於2013年被戴爾收購；康貝（Compellent）是家高速增長

的供應商，為企業和雲端運算環境提供高度虛擬化儲存解決方案，兼有自動數據管理功能，同樣被戴爾以9億6000萬美元收購。雖然如此，考夫曼基金會（Kauffman Foundation）2013年的報告顯示，若論新創企業，明尼蘇達州的還有很長的路要走（全國排名僅第40位），雖然新專利的排名高很多。

⓫ 現在是波士頓科學（Boston Scientific Corporation）的附屬公司。

⓬ 柯惠醫療（2014年被美敦力併購）以26億美元收購了原先把產品推出市場的新創企業。見柯惠醫療2010年7月12日的新聞稿。

⓭ 見Het Financieele Dagblad, August 27, 2012.

⓮ 語出2013年7月31日在明尼亞波利斯對丹恩的訪問。

⓯ 見 Martin Moylan,"At Medtronic, Efforts by CEO Ishrak Appear to Be Paying Off," Minnesota Public Radio, MPR News, July 22, 2013 (mmoylan@mpr.org）.

⓰ 他在2014年退休。

⓱ 語出2013年7月30日在明尼亞波利斯對瓦爾斯特倫的訪問。

⓲ 見 Andy Giegerich,"Oregon's Biotech Sector Shows New Signs of Life," Portland Business Journal, October 26, 2012.

⓳ 見 "Battelle/Bio, State Bioscience Jobs, Investment and Innovation, 2014"，網址www.bio.org/sites/default/files/Battelle-BIO-2014-Industry.pdf。

⓴ OHSU的校園擁有三家頂尖的醫院：OHSU醫院（一級創傷中心）、朵貝克兒童醫院（Doernbecher Children's Hospital）和波特蘭退伍軍

人醫療中心（Portland Veterans Affairs Medical Center）。

㉑ 之前收購了當地的Stimulation Technology公司。

㉒ 凱利於1995年參與創立Sapient Health Network（現在屬於WebMD），此後不久成立了Learning.com。

㉓ 除了英特爾和OHSU的合作，史坦澤普亦提出成立其他「聯合實驗室」，合作夥伴包括隸屬美國能源部的美國太平洋西北國家實驗室（Pacific Northwest National Lab）、以及電子顯微鏡製造商FEI，對研究人員分析癌細胞和癌細胞如何互動很重要。OHSU和西門子等企業合作，率先使用四維成像。史坦澤普在本章表達的意見引自2014年10月15日於俄勒岡州波特蘭OHSU進行的訪問。

㉔ 格瑞的原話引自2014年10月16日於俄勒岡州波特蘭OHSU進行的作者訪問。

㉕ 2014年7月，帕洛斯基轉職至美光科技（Micron Technology）工作，在此之前他在英特爾工作了31年。

㉖ 見 "Portland OHSU Teams with Intel to Decode the Root Causes of Cancer and Other Complex Diseases," OHSU press release, April 22, 2013.

㉗ 見OHSU新創企業網站，網址www.ohsu.edu/xd/research/techtransfer/startups/index.cfm。一般來説，校內發明有三分之一的授權費撥歸大學，進行研究的學系獲得另外三分之一，負責的研究人員則分得剩餘的三分之一。2014年10月16日於俄勒岡州波特蘭OHSU訪問華森。

㉘ 部分新創企業的表現出色，足以搬到加州的大型生物科學智帶，包括HD+、愛德華生命科學（Edward Life Sciences）、Cepheid和

Organovo。HD+公司研發了一款以奈米科技為基礎的人工腎臟，集得6000萬美元創投資金，隨後搬到矽谷。愛德華生命科學公司生產和維修人工心臟瓣膜，協助治療超過200萬個病人。Cepheid公司現在位於加州的森尼韋爾（Sunnyvale），是家醫療診斷公司，與美國郵政署簽訂合約檢測炭疽，因而為人所知。其6000部GeneXpert儀器以測試工具探測傳染病如結核病和愛滋病。Organovo公司於2007年成立，設計了立體的人體組織和腫瘤模型。

29 奈特並非區內首位或唯一的慈善家。其他例子包括路德維希多年來捐給路德維希癌症中心（Ludwig Cancer Center）的25億美元癌症研究經費，以及蓋茲基金會（Gates Foundation）25億美元的防治愛滋和瘧疾計畫，2014年9月一名OHSU研究人員從中獲得2500萬美元資助研發愛滋疫苗。微軟的另外一位創辦人艾倫給予西雅圖的腦科學研究院（Institute for Brain Science）1億美元種子資金繪製大腦圖譜。

奈特的捐款除了對OHSU大有幫助，在俄勒岡州也形成雪球效應。俄勒岡大學不甘落後，開展了20億美元的募捐計畫，俄勒岡州立大學也完成了10億美元的募捐——表現不俗，因為全美國（或許是全世界）只有35家公立大學可以籌得超過10億美元的慈善捐款。根據慈善紀事報（Chronicle of Philanthropy）的統計數字，美國的慈善事業有14%是針對保健（單是2013年，大額捐款就有12億美元，還未計算奈特的募捐挑戰）。雖然新藥物、生物科技和醫療器材的700億美元鉅額經費中，仍然有三分之二來自聯邦政府，但各大學擔心聯邦預算缺口會造成資金減少，尤其因為與此同時，藥廠和創投資金也不願花費鉅額研發新藥物（"US Investment in Health Research 2012," Research America）。根據美國國家科學基金會的科學與工程指標（Science and Engineering Indicators），保健是非國防預算最大的收益領域（2011年財政年度的國防預算為830億美元，非國防預算為610億美元，保健預算則為320億美元）。

㉚ 語出2014年10月15日對羅森費爾德的訪問，地點在他位於俄勒岡州波特蘭的辦公室。

㉛ 語出2014年6月11日於蘇黎世對詹尼的訪問；本章其他引述詹尼的說話皆出自該訪問。

㉜ 見www.cvent.com/rfp/zurich-hotels/technopark-zuerich-foundation/venue-2da8053746c74fdebf46a5c8167fdda7.aspx。

㉝ 語出2009年6月7日與克朗曼納契於*Sonntag*進行的訪問。

㉞ 2009年6月7日瑞士雜誌*Sonntag 1*的訪問中，克朗曼納契講述建築群發展的過程。

㉟ 見www.molecularpartners.com。

㊱ 見www.roche.com。

㊲ 見www.esbatech.com。

㊳ 見www.bsse.ethz.ch。

㊴ 見biosaxony.com。

㊵ 見bio-city-leipzig.de/welcome。

㊶ 見www.biotech-leipzig.de/en/unternehmen/383-technologiegrunderfonds-sachsen-seed-gmbh-und-co-kg。

㊷ 見www.iccas.de/uber-iccas/?lang=en。

43 見www.iccas.de/forschung/?lang=en。

44 見de.wikipedia.org/wiki/Kai_Simons。

45 見www.nature.com/nature/journal/v413/n6853/full/nj6853–04a0.html。

46 見www.mpi-cbg.de。

47 見www.tzdresden.de/bioz-location.html。

48 見www.oncoray.de。

49 見www.crt-dresden.de/about.html。

50 見www.ipfdd.de/mbc。

51 見www.bionection.de/programme/format。

52 見www.biotype.de。

53 見www.qualitype.de以及www.rotop-pharmaka.de/en/our-products。

54 舉動過於大膽和具爭議性，驅使當時的執行長在諾基亞顯然獲得成功前就自殺了。

55 語出2013年9月6日於芬蘭奧盧大學對波斯提的訪問。

56 見www.bme.oulu.fi。

57 另見Ryuji Kohno, University of Oulu Research Institute,"R&D, Standard, and Regulation of Medical Body Area Network （BAN）," 2013 European Connected Health Alliance Leadership Summit, Oulu, June 12, 2013。引語出自2013年9月6日與帕爾曼進行的訪問。

58 見"Invest in Finland," Health Care and Wellbeing News, April 25, 2013.

59 根據2013年9月5至6日於奧盧和科普薩拉進行的訪問，以及後續的往來電郵。

60 醫療器材生產商收益超過10億美元。見"The Medical Device Industry in the United States"， Select USA，網址為selectusa.commerce.gov/industry-snapshots/medical-device-industry-united-states。大部分醫療技術企業都設在加利福尼亞州、佛羅里達州、紐約、賓夕凡尼亞州、密西根州、麻薩諸塞州、伊利諾州、明尼蘇達州、喬治亞州，以及華盛頓州、威斯康辛州和德克薩斯州。另見Yair Holtzman,"The U.S. Medical Device Industry in 2012: Challenges at Home and Abroad," MDDI (Medical Device and Diagnostic Industry）, July 17, 2012。

61 同上。

62 歐洲醫療技術的數據由歐洲醫療器材產業協會Eucomed統計（www.eucomed.be/about-us）。見www.eucomed.org/uploads/Modules/Publications/the_emti_in_fig_broch_12_pages_v09_pbp.pdf。

第5章

1 見Pilita Clark,"Global Carbon Emissions Stall in 2014," *Financial Times*，2015年3月12日。

2 頁岩氣：美國、墨西哥、阿根廷、俄國、中國及許多其他國家頁岩氣資源豐富。頁岩氣極大改變能源格局。因油氣資源更加豐富、不再稀缺，因此油價大跌，與預期完全相反。環保團體反對美國開發頁岩氣，因為其過程耗費大量水資源、汙染地下水、排放甲烷，液壓鑽探可導致輕微地震。並且因缺少運輸管道，需要用火車運輸頁岩氣，可能導致危險。歐洲的政治反對比美國反對聲音更加強烈，但反對並沒有對鑽探造成影響。頁岩石油的增產讓美國減少對國外油氣的依賴，電力公司可以脫離煤炭這一重汙染碳基燃料資源。至今為止，許多人將頁岩氣視為「過渡型能源」。只有太陽能等代替能源價格更低、使用更廣時，頁岩氣生產才會被世人認可。

❸ 見 "Tesla's New Product Is a Battery for Your Home," *CNN Money*，2015年5月1日。

❹ 作者於2013年8月22日訪問羅根和公司管理人員。

❺ 見 Curt Woodward,"After Five Years and $50 Million, 24M Unveils New Design for Lithium-Ion Batteries," Boston Globe（BetaBoston），2015年7月22日。

❻ 參考MIT News, Fortune.com, Navigant Research, 24M, Quartz.com. Ven—kat Viswanathan所言，見 David Chandler,"New Manufacturing Approach Slices Lithium-Ion Battery Costs in Half," *MIT News*, June 23, 2015.也可見Katie Fehrenbacher,"This Start-up Is Looking to Revolutionize Lithium-Ion Batteries," *Fortune magazine*，2015年6月22日。

❼ 見www.shell.com/global/future-energy/inside-energy/inside-energy-stories/could-sun-charged-batteries-power-our-homes。

❽ 見www.edison-net.dk。

❾ 2015年10月14日，特斯拉為駕駛員升級軟體，為實現無人駕駛汽車踏出重要一步。駕駛員體驗十分奇妙：只需雙擊一下，便可啟動先進的漫遊控制系統。無需觸碰方向盤，只需舒適坐在車內，看汽車走上高速，沿車道行駛，或順利轉換車道，越過其他車輛。汽車根據交通狀

況調整車速，前方車輛停則停，緊急狀況時反應迅速，甚至能自己尋找車位停車。但路況困難時，駕駛員仍需掌控方向盤，應對狀況。其他汽車製造商將紛紛效仿。

⑩ 見www.darpa.mil。

⑪ 《紐約時報》厄姆森訪談（Christopher Urmson），2014年5月27日。

⑫ 見www.bloomberg.com。

⑬ 蘋果汽車新體驗。見www.MacRumors.com and Daiske Wakabayashi, "Apple Targets Electric-Car Shipping Date for 2019," Wall Street Journal，2015年9月21日。

⑭ 見www.micreos.com website and Gina Kolata,"In Good Health? Thank You 100 Trillion Bacteria," *New York Times* （International），2012 年 6 月13日；也可參考"Rising to Meet the Infectious Disease Challenge," *Pharmafocus* （July–August 2015）, 該文章引用ESCMID 主席 Murat Akova原話"the rapid increase in antimicrobial resistance in Europe and the world is jeopardizing modern health care."。

⑮ 見www.themato.nl/gesloten-kas。

⑯ 見www.kubo.nl/en/productconcepten/artikel/ultra-clima-greenhouse-en。

⑰ 見 Tim Linden,"Houweling's Continues to Pioneer Sustainability Efforts," Produce News，2015年8月11日。

⑱ 見www.newscenter.philips.com/main/standard/news/press/2014/20140509-philips-and-green-sense-farms-usher-in-new-era-of-indoor-farming.wpd#.VClnuvl_tS0。

⓳ 見www.usa.philips.com/a-w/government/articles-and-solutions/lighting/increasing-food-security-and-reducing-carbon-emissions.html。

⓴ 見www.delaval.com, www.lely.com。

㉑ 2001年，梅傑是荷蘭健康營養物質公司DSM的首任研發長；2005年跳槽至聯合利華，一家英國－荷蘭食品及個人護理公司；2011年加入菲仕蘭；2014年年中退休。

㉒ 語出2012年8月於荷蘭阿默斯福特對梅傑的訪問。本章所引梅傑的話語皆出自這次訪談。

㉓ 見strp.nl/nl。

㉔ 見 www.tekes.fi/en/-the Finish Agency that finances innovation。

㉕ 見 www.pt-it.pt-dlr.de/de/3069.php。

第6章

❶ 見 "Economists Are Asked by Brussels to Hammer Together a New 'Innovation' Model." Het Financieele Dagblad（August 9, 2015）。

❷ 見 Robert Solow. 'We'd Better Watch Out.' *New York Times Book* Review（July 12, 1987）。

❸ 引自2013年6月26日對Alexandra Kwit的採訪。Kwit是約翰・霍普金斯大學研究生，參與國立衛生研究院和約翰・霍普金斯大學合作研究項目（joint NIH-Johns Hopkins project），與高通量篩選機器人（high-throughput screen—ing robots）一起工作。Ncats.nih.gov

是國立衛生研究院下設的國家轉換科學促進中心（National Center for Advanced Translational Sciences，簡稱NCATS）的網址。Francis Collins借多臂機器展示NCATS高通量篩選設備的高效運作：讓多臂機器人在一週內完成潛在藥物測試，而類似測試一名科學家可能要花12年手動完成。

❹ 此段當中的兩句引言都來自會議 'The Future of Work in the Age of the Machine'。會議由漢密爾頓計畫（the Hamilton Project）及布魯金斯學會組織，於2015年2月19日在華盛頓的全國新聞俱樂部（National Press Club）進行。

❺ 見 Stavey Vanek Smith. 'When It Comes to Buying Decisions, Why Feelings Come First.' Planet Money, National Public Radio（April 17, 2015）。

❻ 見Jake Rocheleau. 'The 20 Top Coworking Spaces in the United States.' Hongkiat.網址www.hongkiat.com/blog/top-coworking-spaces-usa。

❼ 見Bruce Katz and Julie Wagner. 'The Rise of Innovation Districts.' Brookings Institution（June 2014）。

❽ 引自卡內瓦萊2014年10月7日在華盛頓的New Futures教育機構的演講。演講數據採用其2014年2月在喬治城大學的研究 'Recovery: Job Growth and Education Requirements Through 2020'。

❾ 參考 Deloitte and the Manufacturing Institute, 'The Skills Gap in US Manufacturing.'（October 17, 2011）, 引自 'Future of the Manufacturing Workforce Report' *Manpower*。

❿ 見William C. Symonds, Robert Schwartz, and Ronald F. Ferguson, 'Pathways to Prosperity: Meeting the Challenge of Preparing Young Americans for the Twenty-First Century.' Pathways to Prosperity Project, Harvard University Graduate School of Education（2011）。

⓫ 參考由布魯金斯學會組織、2014年5月22日在美國首府華盛頓舉行的 'Skills and Industry: A New American Model' 會議。

⓬ 引自對TEC-SMART的參觀以及2014年8月21日Penny Hill 採訪記錄。

⓭ 本章所有拉金的引言，均來自2014年8月25日的電話採訪。

⓮ 引自 2014年5月22日魯金斯學會組織的 'Skills and Industry'會議及後續討論。

⓯ 語出2013年9月9日在烏爾姆工廠對Zwick Roell執行長Jan Stefan Roell博士的採訪。

⓰ 語出2013年9月9日在斯圖加特對韋斯特坎布爾的採訪。

⓱ 參考2013年國家教育統計數據（National Education Statistics）。

⓲ 語出2013年9月24日對費里德里希的電話採訪 。

⓳ 谷歌故事參考David Hart. 'On the Origins of Google'（August 17, 2004）；National Science Foundation, Where Discoveries Begin, 詳見www.nsf.gov/discoveries/disc_summ。

⓴ 引用自Robert D. Atkinson and Stephen J. Ezell. Innovation Economics: The Race for Global Advantage（New Haven: Yale University Press, 2012）。也可參考EY Global, 'Venture Capital Insights and Trends 2014'。

㉑ 見 National Science Foundation 網址 www.nsf.gov/statistics/nsb0803。

22 見 National Science Foundation 上所發布的Science and Engineering Indicators 2014（針對2011年），表4-14和表4-6。Science and Engineering Indicators 2014以National Science Foundation發布的2011年購買力平價數據（purchasing power parity，簡稱PPP）為基礎，顯示只有法國在基礎研究上花費更多研發支出（四分之一），美國和韓國花費17%到18%，日本為12%，中國為5%。

23 見 www.systemsX.ch。

24 見National Science Foundation上所發布的Science and Engineering Indicators 2014（針對 2011年）。2011年資助應用研究最多的是企業，資助53%，聯邦政府第二，資助37%，非營利組織為5%，學術機構4%，非聯邦政府1%。

25 同上。

26 見Battelle Memorial Institute, 2014 Global R&D Funding Forecast.。2014年，美國研發總支出預算估計為4650億美元，遠遠多於歐盟預計的3130億美元（其中德國、法國、英國預計支出1880億）、中國2840億、日本1650億或韓國630億。中國致力成為知識經濟強國而非製造基礎國家，並希望在2020年達成目標，計畫在2022年，與美國一樣在研發商投入6000億美元。中國在研發支出上已超越日本，專利申請和科學出版物數量急速增長，比歐美增長更為迅速。然而，中國經濟增長已從之前的二位數逐漸放緩，研發投資的增長，相比2007年的24%，幾乎下跌12%之多。

27 根據Ernst & Young Global's Venture Capital Insights and Trends 2014顯示，2013年美國創投資本共330億美元, 歐洲74億美元, 中國35億美元。美國平均每間公司投資400萬美元，歐洲平均200萬，中國平均700萬。同年，美國有74家創業投資持股IPO公司（VC-backed IPOs）、歐洲有15家、中國15 家，分別募得82億、6億和20億美元。

㉘ 語出2013年9月10日在斯圖加特辦公室對饒申布士的採訪。

㉙ 參考Ernst & Young Global, Venture Capital Insights and Trends 2014。

㉚ 見Jeffrey Bussgang, Mastering the VC Game （Portfolio, 2010）。

㉛ 同上。

㉜ 創投公司在明尼亞波利斯和北卡羅萊納州三角研究園也曾盛行一時，但三角研究園在互聯網泡沫後撤出，如今創投公司多由西部和東部沿海地帶運作。

㉝ 據National Venture Capital Association表示，1995到2014年間，包括合作風險投資公司在內的創投公司向7萬8000家公司投資，合計6150億美元。

㉞ 見 Matt Egan, 'In-Q-Tel: A Glimpse Inside the CIA's Venture-Capital Arm,' FoxBusiness（June 14, 2013）。

㉟ 在《007》電影中發明了所有高科技工具的MI6機構被命名為 'Q'。

㊱ 見 Brian Dunbar, 'NASA Forms Partnership with Red Planet Capital, Inc.,' NASA, September 20, 2006, 請見網址 www.nasa.gov/home/hqnews/2006/sep/HQ_06317_red_capital.html。

㊲ 該處費雷的引言及其他本章中出現的引言，都來自2014年4月22日，在北卡羅萊納州德罕對費雷的採訪。他於2014退休。1990年代期間，Frey管理三家創業公司，即Ventana Communica¬tions Group, Accipiter,和OpenSite Communications。每家公司都需要多倍資金投資。他也是杜克大學桑福德公共政策學院（Sanford School of Public

Policy at Duke University）的兼職教授，詳情可見維基百科詞條 'Kip Allen Frey,' en.wikipedia.org/wiki/Kip_Allen_Frey。

38 見Medtronic, Annual Report 2013。

39 語出2013年7月31日在明尼亞波利斯萬豪酒店午餐時對丹恩的採訪，以及2014年9月2日的後續電話採訪。

40 顯著例子包括PayPal和Facebook的早期投資者Dave McClure，以及建立了Netscape的Marc Andreessen。

41 典型創投公司也支持明確的七年內撤出策略。對投資者的責任，指公司常避免早期創投，因為早期創投危險大、回報少、耗時長。

42 見'Angel investor.' Wikipedia，其網址為：en.wikipedia.org/wiki/Angel_investor。

43 見'Statistics Compendium.' European Trade Association for Business An—gels, Seed Funds, and other Early Stage Market Players（2014）。

44 見Ernst & Young Global, Venture Capital Insights and Trends 2014。

45 見 'Ten Crowdfunding Success Stories to Love.' *Entrepreneur*（March 18,2014）。

46 見 'Economic Impact and Technological Progress of NASA Research and Development Expenditures: Volume 1: Executive Report.' *Midwest Research In stitute*（1988）。

47 見 The Tauri Group.'NASA Socio-Economic Impacts.'2013, 載 於 www.nasa.gov/sites/default/files/files/SEINSI.pdf。

結語

❶ 統計數字來自於美國農業部下的國家食物與農業機構（National Institute of Food and Agriculture）。

❷ Marc Levinson,"Job Creation in the Manufacturing Revival," Congressional Research Service report，2013年6月19日.

❸ Erik Brynjolfsson and Andrew McAfee, *Race Against the Machine:How the Digital Revolution Is Accelerating Innovation, Driving Productivity, and Irreversibly Transforming Employment and the Economy* (Lexington, MA: Digital Frontier Press, 2011).

❹ Levinson,"Job Creation in the Manufacturing Revival."

❺ 機器人行業分析師卡羅（Dan Kara）認為，製造業中大約僅有80萬的手工勞動職位，屬於簡單、非技術性與輕負載的工作。參考Dan Kara,"Rethink Robotics: Unpacked," Robotics Business Review，2012年10月1日。

❻ Levinson,"Job Creation in the Manufacturing Revival."

❼ 但將對新興經濟體中數百萬基層製造業工作造成威脅。

❽ Heritage Foundation and Bureau of Labor Statistics. 出處來自James Sherk,"Not Looking for Work: Why Labor Force Participation Has Fallen During the Recovery," 2014年9月4日, at www.heritage.org/research/reports/2014/09/not-looking-for-work-why-labor-force-participation-has-fallen-during-the-recovery.勞動參與率已經從2007年的66%跌到63%以下。

❾ Enrico Moretti, *The New Geography of Jobs* (New York: Mariner Books, 2012).

❿ Vladimir Ilyich Lenin，1918年8月11日。

⓫ DNA-Editing Leap Brings Call for Ban," *New York Times* (International)，2015年3月21-22日。

參考書目

書籍

Atkinson, Robert D., and Stephen J. Ezell. *Innovation Economics*. New Haven: Yale University Press, 2012.

Barber, Benjamin R. *Mayors Ruled the World: Dysfunctional Nations, Rising Cities*. New Haven: Yale University Press, 2013.

Berger, Suzanne. *Making in America: From Innovation to Market*. Cambridge: MIT Press, 2013.

Blom, Philip. *The Wars Within: Life and Culture in the West*, 1918–1938. London: Atlantic Books, 2014.

Brouwer, Jaap Jan, and Guido van der Zwan. *The Dutch Industrial Landscape: Fifty Inspiring Business Cases*. The Hague: Dutch Government Publication, 2011.

Brynjolfsson, Erik, and Andrew McAfee. *The Second Machine Age*. New York: Norton, 2014.

——. *Wired for Innovation*. Cambridge: MIT Press, 2009.

——, and Andrew McAfee. *Race Against the Machine*. Lexington, KY: Digital Frontier Press, 2011.

Bussgang, Jeffrey. *Mastering the VC Game*. New York: Portfolio, Penguin Group, 2010.

Comfort, Nicholas. *The Slow Death of British Industry: A Sixty-Year Suicide*, 1952–2012. London: Biteback Publishing, 2013.

Cortada, James W. *The Digital Flood: The Diffusion of Information Technology Across the US, Europe, and Asia*. New York: Oxford University Press, 2012.

Dauch, Richard E. *American Drive: How Manufacturing Will Save Our Country*. New York: St. Martin's Press, 2012.

Gertner, Jon. *The Idea Factory*. New York: Penguin Books, 2012.

Gladwell, Malcolm. *The Story of Success*. New York: Little Brown, 2008.

Isaacson, Walter. *The Innovators*. New York: Simon and Schuster, 2014.

Katz, Bruce, and Jennifer Bradley. *The Metropolitan Revolution*. Washington, DC: Brookings, 2013.

Khanna, Parag. *Charting a Course to the Next Renaissance*. New York: Random House, 2011.

Liveries, Andrew N. *Make It in America: The Case for Reinventing the Economy*. Hoboken: John Wiley and Sons, 2011.

Moretti, Enrico. *The New Geography of Jobs*. New York: First Mariner Books, 2013.

Pisano, Gary P., and Willy C. Shih. *Producing Prosperity: Why America Needs a Manufacturing Renaissance*. Boston: Harvard Business Review Press, 2012.

Schmitt, Eric, and Jared Cohen. *The New Digital Age*. New York: Knopf, 2013.

報告

Battelle Memorial Institute and R&D Magazine. "Global R&D Funding Forecast 2014." December 2013.

Center for American Progress. "Sequestering American Innovation." December 2013.

Council on Competitiveness. "Global Manufacturing Competitiveness Index." Deloitte Study, 2010.

——. "Ignite 1.0: Voice of American CEOs on Manufacturing Competitiveness." 2011.

Greenstone, Michael, and Adam Looney. "A Dozen Economic Facts About Innovation." The Hamilton Project, August 2011.

Information Technology and Innovation Foundation. "Federally Supported Innovations: Twenty-Two Examples of Major Technology Advances That Stem from Federal Research Support." January 2014.

Katz, Bruce, and Julie Wagner. "The Rise of Innovation Districts." Brookings Institution, June 2014.

Labaye, Eric, Svent Smit, Eckart Windhagen, Richard Dobbs, Jan Mischke, and Matt Stone. "A Window of Opportunity for Europe." McKinsey Global Institute, June 2015.

Lebedur, Larry, and Jill Taylor. "Akron, Ohio." Brookings Metropolitan Policy Program, September 2008.

Levinson, Marc, "Job Creation in the Manufacturing Revival." Washington,

DC: Congressional Research Service, June 19, 2013, updated July 2, 2015.

Manyika, James, Susan Lund, Byron Auguste, Lenny Mendonca, Tim Welsh, and Sreenivas Ramaswamy. "An Economy That Works: Job Creation and America's Future." McKinsey Global Institute, June 2011.

McKinsey Global Institute. "Disruptive Technologies: Advances That Will Transform Life, Business and the Global Economy." July 2014.

Milken Institute. "Manufacturing 2.0: A More Prosperous California." June 2009.

Muro, Mark, Jonathan Rothwell, Scott Andes, Kenan Fikri, and Siddarth Kulkarni. "America's Advanced Industries: What They Are, Where They Are, and Why They Matter." Washington, DC: Brookings Institution, February 2015.

National Research Council. "Rising to the Challenge, US Innovation Policy for the Global Economy, 2012."

President's Council of Advisors on Science and Technology. "Report to the President on Capturing Domestic Competitive Advantage in Advanced Manufacturing." July 2012.

——. "Report to the President on Ensuring American Leadership in Advanced Manufacturing." June 2011.

Sirkin, Harold, Michael Zinser, and Douglas Hohner. "Made in America, Again: Why Manufacturing Will Return to the US." Chicago: Boston Consulting Group, August 2011.

Török, Reka. "Innovation Landscapes: A Study on Innovation Approaches in Three Selected EU States——Germany, Finland, and the UK." Brussels: European Commission, 2012.

US Department of Commerce. "The Competitiveness and Innovative Capacity of the United States." January 2012.

——. "The Innovative and Entrepreneurial University." 2011.

文章

Andes, Scott, and Mark Muro. "Don't Blame Robots for Lost Manufacturing Jobs." Brookings Institution, April 29, 2015.

Bakker, Fred. "Biotech Bloeit Rondom Zurich." *Het Financieele Dagblad*, July 4, 2014.

——. "Eindhoven Valley: Hoe een Dorp de Slimste Regio ter Wereld Werd." *Het Financieele Dagblad*, April 6, 2013.

——. "Tweede Leven voor Zweedse Broedplaats." *Het Financieele Dagblad*, July 4, 2014.

——. "De Wederopstanding van de Industrie in de VS." *Het Financieele Dagblad*, May 4, 2013.

Bessen, James. "No, Technology Is Not Going to Destroy the Middle Class." *Washington Post*, October 21, 2013.

"Brainbox Nation." Special Report: America's Competitiveness. *Economist,*

March 16, 2013.

Cao, Cong. "Patent Picture Overblown: China May Lead the World in Patents, but They Are Not Necessarily Innovative." *China Daily–Africa Weekly*, March 1–7, 2013.

"Cheer Up." Special Report: America's Competitiveness. *Economist*, March 16, 2013.

Cukierman, Kenneth, and Viktor Mayer-Schoenberger. "The Rise of Big Data." *Foreign Affairs*, May–June 2013.

Fallows, James. "Alan Tonelson: The Insourcing Boom That Isn't." *Atlantic*, December 2012.

Fikri, Kenan, and Mark Muro. "Fifteen Hottest New Advanced Industry Places." Washington, DC: Brookings Institution, June 8, 2015.

Fishman, Charles. "The Insourcing Boom." *Atlantic*, December 2012.

Greenblatt, Drew. "Six Ways Robots Create Jobs." *Inc.com*, January 22, 2013.

Grove, Andy. "How America Can Create Jobs." *Bloomberg Businessweek*, July 1, 2010.

Johnston, Louis. "History Lessons: Understanding the Decline in Manufacturing." *Minnpost*, February 22, 2012.

Luxenberg, Stan. "The R&D Advantage." *Merrill Lynch Advisor*.

McKinsey. "Building the Supply Chain of the Future." *McKinsey Quarterly*, January 21, 2011.

Muro, Mark, and Siddarth Kulkarni. "Yes, Advanced Industries Are Providing Jobs to Americans." the Brookings Institution, February 25, 2015.

Rattner, Steven. "The Myth of Industrial Rebound." *New York Times*, January 26, 2014.

Robert, Edward, and Charles Easley. "Entrepreneurial Impact: The Role of MIT." MIT Sloan School of Management, February 2009.

Senate Budget Committee. "Protecting American Innovation." Available at www.budget.senate.gov.

van Agtmael, Antoine. "The End of the Asian Miracle." *Foreign Policy Magazine,* June 11, 2012.

——. "Good Times Made Bad Habits." *Newsweek*, March 2008.

——, and Fred Bakker. "Made in America. Again." *Foreign Policy Magazine*, March 28, 2014.

Webster, MaryJo. "Could a Robot Do Your Job?" *USA Today*, October 28, 2014.

Yangpeng, Zheng. "High-End Manufacturing Holds the Key." *China Daily–Africa Weekly*, March 1–7, 2013.

方向 56

世界上最聰明的地方

從鏽帶到智帶，看智力共享如何引領全球鏽帶城市聰明轉型

The Smartest Places on Earth : Why Rustbelts Are the Emerging Hotspots of Global Innovation

作　　者：安東尼・范艾格特梅爾（Antoine van Agtmael）
　　　　　佛萊德・貝克（Fred Bakker）
譯　　者：葉家興、葉嘉
主　　編：林佳慧
責任編輯：洪春峰
校　　對：林佳慧、謝美玲
封面設計：井十二設計研究室
美術設計：林佩樺
寶鼎行銷顧問：劉邦寧

發 行 人：洪祺祥
總 編 輯：林慧美
副總編輯：謝美玲
法律顧問：建大法律事務所
財務顧問：高威會計師事務所
出　　版：日月文化出版股份有限公司
製　　作：寶鼎出版
地　　址：臺北市信義路三段151號8樓
電　　話：（02）2708-5509　傳　　真：（02）2708-6157
客服信箱：service@heliopolis.com.tw
網　　址：www.heliopolis.com.tw
郵撥帳號：19716071日月文化出版股份有限公司

總 經 銷：聯合發行股份有限公司
電　　話：（02）2917-8022　傳　　真：（02）2915-7212
印　　刷：中原造像股份有限公司
初　　版：2016年12月
定　　價：390元
I S B N：978-986-248-610-8

國家圖書館出版品預行編目資料

世界上最聰明的地方：從鏽帶到智帶，看智力共享如何引領全球鏽帶城市聰明轉型／安東尼．范艾格特梅爾（Antoine van Agtmael），佛萊德．貝克（Fred Bakker）著；葉家興，葉嘉譯. -- 初版. -- 臺北市：日月文化, 2016.12　320面；14.7×21公分. --（方向；56）
譯自：The Smartest Places on Earth : Why Rustbelts Are the Emerging Hotspots of Global Innovation
ISBN 978-986-248-610-8（平裝）

1.產業　2.工業革命　3.美國

555.952　　105020844

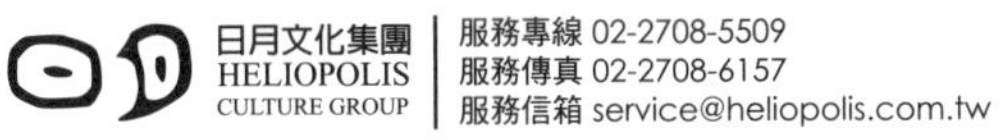

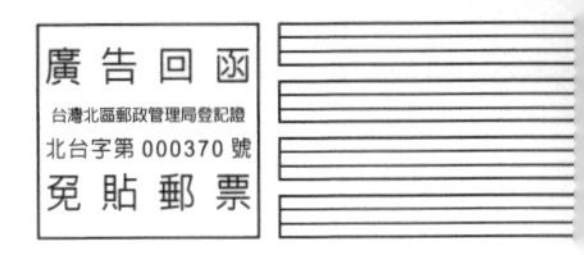

10658 台北市信義路三段151號8樓

對折黏貼後，即可直接郵寄

日月文化網址：**www.heliopolis.com.tw**

最新消息、活動，請參考 FB 粉絲團

大量訂購，另有折扣優惠，請洽客服中心（詳見本頁上方所示連絡方式）。

日月文化

EZ TALK

EZ Japan

EZ Korea

大好書屋・寶鼎出版・山岳文化・洪圖出版 EZ叢書館 EZKorea EZTALK EZJapan

感謝您購買 世界上最聰明的地方：從鏽帶到智帶，看智力共享如何引領全球鏽帶城市聰明轉型

為提供完整服務與快速資訊，請詳細填寫以下資料，傳真至02-2708-6157或免貼郵票寄回，我們將不定期提供您最新資訊及最新優惠。

1. 姓名：＿＿＿＿＿＿＿＿　性別：□男　□女
2. 生日：＿＿＿年＿＿＿月＿＿＿日　職業：
3. 電話：（請務必填寫一種聯絡方式）
   （日）＿＿＿＿＿＿（夜）＿＿＿＿＿＿（手機）＿＿＿＿＿＿
4. 地址：□□□＿＿＿＿＿＿＿＿
5. 電子信箱：＿＿＿＿＿＿＿＿
6. 您從何處購買此書？□＿＿＿＿＿縣/市＿＿＿＿＿書店/量販超商
   □＿＿＿＿＿網路書店　□書展　□郵購　□其他
7. 您何時購買此書？　年　月　日
8. 您購買此書的原因：（可複選）
   □對書的主題有興趣　□作者　□出版社　□工作所需　□生活所需
   □資訊豐富　□價格合理（若不合理，您覺得合理價格應為＿＿＿＿）
   □封面/版面編排　□其他＿＿＿＿＿＿＿＿
9. 您從何處得知這本書的消息：　□書店　□網路／電子報　□量販超商　□報紙
   □雜誌　□廣播　□電視　□他人推薦　□其他
10. 您對本書的評價：（1.非常滿意 2.滿意 3.普通 4.不滿意 5.非常不滿意）
    書名＿＿＿ 內容＿＿＿ 封面設計＿＿＿ 版面編排＿＿＿ 文/譯筆＿＿＿
11. 您通常以何種方式購書？□書店　□網路　□傳真訂購　□郵政劃撥　□其他
12. 您最喜歡在何處買書？
    □＿＿＿＿＿縣/市＿＿＿＿＿書店/量販超商　□網路書店
13. 您希望我們未來出版何種主題的書？＿＿＿＿＿＿＿＿
14. 您認為本書還須改進的地方？提供我們的建議？

＿＿＿＿＿＿＿＿＿＿＿＿＿＿＿＿

＿＿＿＿＿＿＿＿＿＿＿＿＿＿＿＿

＿＿＿＿＿＿＿＿＿＿＿＿＿＿＿＿

＿＿＿＿＿＿＿＿＿＿＿＿＿＿＿＿